# Comment la Ville de Saint-Omer

## FIT RETOUR A LA FRANCE EN 1677

### (1676 A 1680)

PAR

## L⁵ DE LAUWEREYNS DE ROOSENDAELE

Professeur honoraire, Agrégé d'histoire, Officier de l'Instruction publique,
Chevalier de la Légion d'Honneur,
Conservateur de la Bibliothèque et des Archives de Saint-Omer,
Membre de la Commission des Monuments historiques du département du
Pas-de-Calais, etc., etc.

## SAINT-OMER

IMPRIMERIE DU « MÉMORIAL ARTÉSIEN »

1893

—

En vente chez M. TUMEREL, libraire, à
St-Omer, rue Carnot, n° 25.

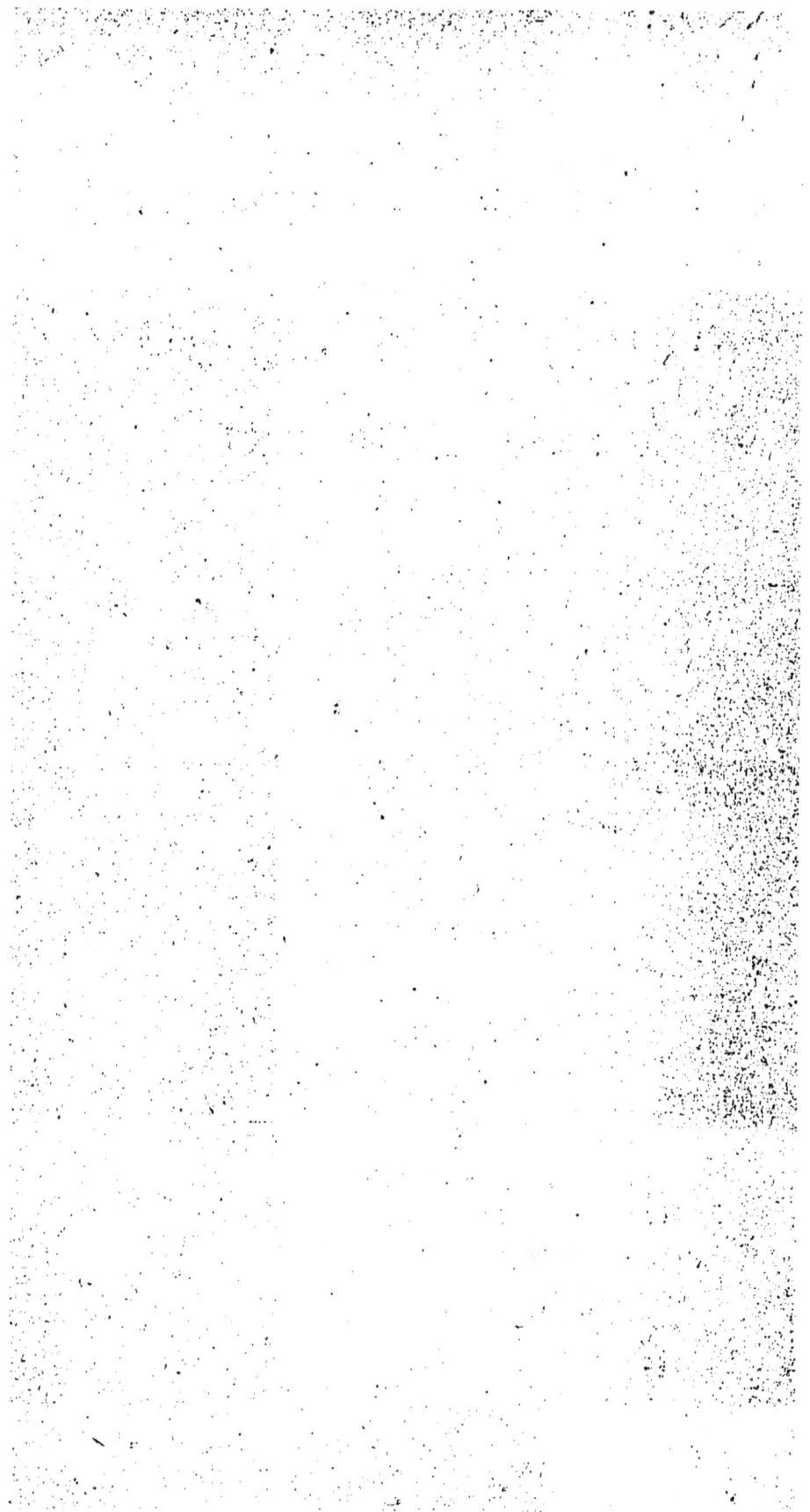

# MONOGRAPHIE AUDOMAROISE

## Comment la Ville de Saint-Omer

### FIT RETOUR A LA FRANCE EN 1677

#### (1676 A 1680)

PAR

## L$^s$ DE LAUWEREYNS DE ROOSENDAELE

Professeur honoraire, Agrégé d'histoire, Officier de l'Instruction publique,
Chevalier de la Légion d'Honneur,
Conservateur de la Bibliothèque et des Archives de Saint-Omer,
Membre de la Commission des Monuments historiques du département du
Pas-de-Calais, etc., etc.

## SAINT-OMER

IMPRIMERIE DU « MÉMORIAL ARTÉSIEN »

1893

—

En vente chez M. TUMEREL, libraire, à
St-Omer, rue Carnot, n° 25.

MONSIEUR LE MINISTRE,

A qui puis-je avec plus d'à-propos dédier un petit livre où je montre la Ville de Saint-Omer faisant « gaiement » retour à la France en 1677 qu'à l'illustre Audomarois qui a donné à notre chère patrie, en contribuant pour une large part au rehaussement de son prestige et au recouvrement de sa salutaire influence dans le monde, le plus de sujet de se féliciter de ce retour.

Je vous serais donc très obligé de daigner agréer la dédicace de cette nouvelle monographie Audomaroise à la composition de laquelle j'ai apporté, sinon le grand talent qu'elle réclamait, du moins un sincère désir de revendiquer pour votre ville natale l'honneur d'être restée attachée de cœur à la France à toutes les époques de son histoire.

Si vous voulez bien m'accorder cette faveur insigne, je me dirai avec plus de fierté et de plaisir encore,

Cher Ministre,

Votre respectueux et affectionné ancien maître,

Lᵉ DE LAUWEREYNS.

Saint-Omer, le 1ᵉʳ janvier 1893.

# PRÉFACE

M. Ribot a daigné faire à mon humble demande cette toute bienveillante et obligeante réponse :

« MON CHER MAITRE,

« J'accepte volontiers la dédicace de votre petit
« livre en souvenir du temps où j'étais votre élève
« reconnaissant et bien affectionné,

« A. RIBOT. »

Qu'il veuille bien agréer ici l'expression de ma profonde reconnaissance.

Puisse mon petit livre trouver auprès de mes lecteurs le même accueil sympathique en considération du double sentiment : amour de la vérité et culte de la Patrie, qui me l'a dicté.

Lᵗ DE LAUWEREYNS.

Saint-Omer, le 1ᵉʳ janvier 1893.

# Comment la Ville de Saint-Omer

## FIT RETOUR A LA FRANCE

### EN 1677

---

### PREMIÈRE PARTIE

#### (1673 à 1677)

---

Je vais dire d'après les seuls documents
des archives de St-Omer, tous authentiques, presque tous inédits, comment et
dans quelles conditions cette ville d'Artois,
cédée en fief à Maximilien d'Autriche par
Charles VIII, en toute souveraineté à
Charles-Quint par François 1er, fut recou-
vrée victorieusement par Louis XIV en
1677 et fit définitivement retour à la France l'année suivante par le traité de Nimègue. Je n'aurai pas raconté le premier ce
fait intéressant, je me plais à le décla-

rer (1) ; j'aurai été du moins le premier,
je crois, à le mettre dans son vrai jour,
car jusqu'ici tous les historiens, même
Français, s'en rapportant aux chroniqueurs
Espagnols, se sont tenus sur ce fait non
moins éloignés de la vérité que du rôle
qui conviendrait à un ami de son pays. La
ville de St-Omer, la suite de cette histoire
le démontrera, Française par son langage,
par son origine, par sa situation géogra-
phique, n'a jamais été de cœur ni Autri-
chienne, ni Allemande, ni Espagnole. Elle
a pu comme d'autres de nos villes dans le
passé, comme Metz dans le temps présent,
subir une domination étrangère, et, dans un
asservissement plus ou moins prolongé, le
souvenir de sa nationalité originelle a pu
s'obscurcir par moment chez certains de
ses habitants. Sa constitution aristocrati-
que pour les uns, la faiblesse humaine
pour les autres, le voulaient ainsi. Mais
de là à un complet oubli de la mère patrie
il y a un abîme que même plus de deux
siècles n'auraient pu combler.

Qu'on lise plutôt :

*<br>* *

Les rois de France n'avaient pas atten-

---

(1) *M. Pagart d'Hermansart a pu-
blié en 1888 une première étude intéressante sur ce siège de St-Omer.*

du jusqu'en 1677 pour tenter de faire rentrer dans leur domaine la ville de Saint-
Omer. Ils s'y étaient employés notamment
en 1594 (1) par la tentative du duc de Lon-
gueville sur la porte Ste-Croix. en 1638
par un siège célèbre (2), en 1659 par des
négociations dans les conférences des
Pyrénées (3). Ils n'y avaient pas réussi et,
en 1669, la paix d'Aix la Chapelle avait
laissé au roi d'Espagne la capitale de l'Ar-

---

(1) *Bibliothèque de Saint-Omer ; msc
808, (tome 1, page 4). intitulé : Recueil
historique de Jean Hendricq, bourgeois
de St-Omer.*

(2) *Ibidem Vol. n° 2762. « Narré
du siège de la ville de St-Omer, mis le
XXV May par Gaspar. comte de Coli-
gny, etc...., imprimé à St-Omer, chez
la V° Ch. Boscard MDCXXXVIII.*

(3) *Documents inédits de l'Histoire
de France : Lettres du cardinal Mazarin, pendant son ministère, publiées
par A. Chéruel, tome V, page 269. Dès
1652, Mazarin, dans une lettre adressée le 21 septembre à Letellier, écrivait:
« Si les Espagnols, aurait dit le duc de
Lorraine, après la prise de Dunkerque,
souhaitent d'avoir le Roussillon, il faut
nécessairement qu'ils donnent tout l'Artois ».*

tois, réservé ainsi qu'Aire sa voisine. Mais ils n'avaient point renoncé à ce patrimoine et, à Saint-Omer comme ailleurs, chacun était convaincu que pour la formation du « pré carré » sans lequel on ne pouvait, au dire de Louvois, rien faire de solide aux Pays-Bas, Louis XIV ne tarderait pas à ramener ses armées dans les vallées de la Lys, de l'Aa et de l'Escaut. Aussi voyons-nous qu'en 1672, lorsqu'éclata la guerre de Hollande, de grands ouvrages étaient achevés dans l'enceinte de nos remparts pour les fortifier contre une nouvelle attaque jugée imminente des troupes françaises, comme l'attestait naguère le millésime 1672 encastré dans la maçonnerie de la courtine faisant face aux pâtures du Haut-Pont entre la porte de ce faubourg et celle de Calais ; et, dès 1673, le roi d'Espagne ayant adhéré à la Grande Alliance de La Haye formée par Guillaume d'Orange contre Louis XIV, chaque jour presque apporta au corps de ville des ordres pressants du prince de Robecq, commandant de la milice de la province ; de Messire Maximilien de Lières, comte de Saint-Venant, grand bailli ; de Messire Ignace Simon, président des Etats, pour que le Magistrat se tînt ou se mît en mesure de faire face à une « attaque prochaine de l'Ennemi Français ».

« L'ennemi Français », pour parler comme les partisans du roi d'Espagne, ne vint dans notre Artois réservé ni en 1673, ni en 1674, ni même en 1675, mais, vers le milieu du mois de juillet 1676, il parut sur les hauteurs d'Arques, semblant se demander laquelle des deux villes, d'Aire-sur-la-Lys ou de St-Omer sur l'Aa, il attaquerait d'abord. Le maréchal d'Humières qui le commandait se décida pour Aire, estimant avec raison que maître de cette ville et du cours de la Lys il fermerait ainsi aux Espagnols la voie par où ils pouvaient le plus commodément envoyer de Gand des vivres, des munitions, des troupes aux places fortes de leur province d'Artois.

Le prince de Robecq ne se plaignit pas de cette décision.

Il profita du répit qu'elle lui laissait, pour donner, le jour même où la ville d'Aire était assiégée, les ordres suivants :

« Tous les bourgeois, manans et habi-
« tants de cette ville, jeunes et vieux, seront
« requis de venir, avec bonne provision d'ar-
« mes à feu, de poudre, de balles, de mê-
« ches et de toutes autres choses nécessai-
« res pour se bien défendre, travailler à
« la batterie de l'Abbé, au bastion du
« Brusle y compris la batterie haut et
« bas, à la batterie établie derrière la

« maison de Monsieur le comte de Saint-
« Venant etc. etc. (1) »

*
* *

Mais avant d'engager le lecteur plus
avant dans le récit des faits, je crois bon
d'examiner avec lui l'état matériel et mo-
ral de la ville de St-Omer à la veille d'un
siège qui ne pouvait évidemment être re-
tardé que de quelques jours.

*
* *

J'ai recherché en vain dans nos archives
une pièce spéciale pouvant nous renseigner sur l'état de nos fortifications en 1677;
mais j'y ai trouvé un rapport très détaillé
de l'ingénieur Sylvain Boulin chargé de
faire la visite de nos remparts en 1607 ; et
entre autres renseignements j'y ai relevé
celui-ci, dont je n'ai pas cru devoir chan-
ger le texte curieux pour l'histoire de la
langue wallonne au XVII° siècle.

« Touchant à l'embouchure par où la
« grande rivière entre en ceste ville, il s'y
« trouve une aultre rivière plus haulte
« maintenue entre deux dicks, laquelle eu-

---

(1) *Archives municipales de St-Omer.
— Registre aux délibérations Echevi-
nales. FF. 20 Juillet 1676.*

« trant en la ville fait mouldre des mol-
« lins appartenant aux abbé et couvent de
« St-Bertin posés tout contigu le rempart
« et auxquels endroit et entrées de riviè-
« res l'ennemy sans aucuns destourbiers
« pœult venir le long des dicks de la hau-
« te rivière et avoir accès à la muraille
« comme aussi à l'embouchure de la basse
« rivière, n'y ayant autre garantissement
« que de quelques simples palissades, et
« sy est-ce le même endroit où du passé
« les Franchois se saisirent de ladîcte vil-
« le ; et se voit appertement que ledict en-
« endroit pœult estre mal aysément défen-
« du, le rempart audit endroit estant fort
« étroit et mal commode pour combattre,
« en oultre que cest endroit de ville est
« mal pourveu d'inhabitants pour l'enclos-
« ture de l'abbaye de St-Bertin pour ceste
« cause tant plus à redouter ».

D'où cette conclusion :

« Il est nécessaire donc pour en cas de
« sièege de donner remède aux entrées de
« la basse et de la haulte rivière, qui est
« dite la porte l'Abbé, pour estre l'endroit
« fort accessible, comme a été dit, et mal
« aysé à détendre, pour a quoi donner re-
« mède plus facile serait de distraire la
« basse rivière la faisant enlrer en la ville
« par l'endroit de la sortie qui sert pour
« la navigation, y passans et repassans des

« barquettes durant le jour à toute heure
« sous le rempart par une longue voûte,
« au moyen de quoi on éviterait le danger
« de cette entrée d'eau et sy l'endroit se
« pouroit plus facilement fortifier ».

Or on avait bien, suivant le Conseil de
Sylvain Boulin, détourné en 1608 les eaux
de la basse rivière. On avait même quelques
années plus tard construit en avant de la
brèche de St-Bertin, sur la rive droite de
la basse rivière, avec la permission de l'abbé de St-Bertin, propriétaire du terrain,
un petit fort dit des Vaches destiné à arrêter l'ennemi qui tenterait de renouveler
la surprise de 1487 ; mais que celui-ci vînt
à s'emparer de la petite forteresse, le péril
n'en devenait que plus grand, les approches étant rendues ainsi plus faciles, et, le
bastion l'Abbé une fois pris, tous les obstacles naturels ou autres semés le long du
front Est de la place, le Lyzelbrouck (1)
entre le fort aux Vaches et le faubourg de
Lyzel, ce faubourg lui-même, celui du
Haut-Pont et ses forts extérieurs du bac,
du Zest et de Nieurlet, l'Estbrouck (2) entre le faubourg du Haut-Pont et la porte
St-Sauveur (Porte de Calais), obstacles

---

(1) *En Français : marais de Lyzel.*
(2) *En Français : marais de l'Est.*

vraiment insurmontables, étaient tournés et rendus inutiles.

Je lis d'un autre côté dans le manuscrit 907 (1) de la bibliothèque de Saint-Omer que, pour fortifier le front Ouest de la place, dont le siège de 1638 avait révélé la faiblesse, le roi d'Espagne fit construire sur le mont St-Michel le fort de ce nom par l'ingénieur Franc-Comtois, Balthasar-Genez .. et qu'en 1640, à la nouvelle de la prise d'Arras par les Français, pour prévenir une surprise du côté de la porte St-Sauveur, on avait élevé un *Hornewerck* (2) ou ouvrage à cornes sur le nouveau chemin conduisant de la ville à St-Martin-au-Laërt et une « redoute du *Grand-large* » sur la rivière coulant de cette porte à Salperwick ; mais le rapport cité plus haut nous apprend qu'en 1607 des deux côtés du fort St-Michel nos remparts étaient loin de constituer une ligne de défense satisfaisante : à la porte Ste-Croix,

---

(1) *Ce manuscrit porte pour titre : Mémoire pour servir à l'histoire des Morins, par le Révérend Père .... religieux carme déchaussé, appartenant à J.-C. Visconti.*

(2) *Des mots flamands* Horne *qui veut dire* Corne (*en anglois* Horn), *et* Werk, *qui veut dire* Ouvrage (*en anglais* Work).

nous dit Sylvain Boulin, était un boulevard qui pouvait « en cas de siège porter plus de nuisance que de défense » ; entre le boulevard d'Egmont et l'Erbostadt « une brêche de 400 pieds de longueur fort ouverte » rendait le rempart fort accessible ; et l'on ne voit ni dans les registres aux délibérations du magistrat ni dans les comptes des fortifications, qu'en 1677 on eût porté remède à cet autre état défectueux de nos fortifications.

Donc d'une part le front Est, inabordable, de nos remparts pouvait être tourné par l'enlèvement du château d'Arques et du Fort aux Vaches et le front Ouest, insuffisamment protégé par le fort Saint-Michel, qui pouvait être négligé, n'opposait à des batteries ennemies établies sur les hauteurs de Sant-Martin et sur celles du Moulin Bruslé (1) que des courtines ébréchées ou des bastions plus nuisibles qu'utiles au dire des Ingénieurs Espagnols.

\*\*\*

Si l'état des fortifications devait donner

---

(1) *On appelait ainsi une hauteur voisine de la Chartreuse de Longuenesse, du côté de St-Martin-au-Laërt, sur laquelle avait été érigé un moulin brûlé par les Français avant le siège de 1638.*

des inquiétudes, les termes dans lesquels
était alors le Magistrat avec le prince de
Robecq n'avaient rien non plus de bien
rassurant. Pour s'en convaincre il ne faudrait que lire la correspondance de Messieurs de la ville depuis un peu plus de
deux ans avec de Zeur, leur agent en cour
à Bruxelles, d'autant plus dévoué à la
ville de Saint-Omer qu'en 1649 son père
était maître de notre porte du Brusle (1).

De Zeur avait été chargé de traiter une
affaire bien délicate ou plutôt de terminer
à l'avantage de la ville un conflit entre
celle-ci et le prince de Robecq : il s'agis-

---

(1) *Arch. munic. Correspondance du
Magistrat, 9 et 19 juillet 1649. — De
Zeur, c'est lui-même qui nous le dit,
avait étudié les bonnes lettres jusqu'à
l'âge de 22 ans. Pour mener à fin ses
études interrompues par les guerres, il
s'était retiré à Bruxelles. Il avait réussi à s'y faire attacher en qualité de
poursuivant d'armes au Conseil privé
du roi d'Espagne* (Butkens, triomphes
du Brabant, tome IV, page 381). *Il y fut
l'agent en cour de sa ville natale pendant près de trente ans. L'analyse de
sa correspondance avec le Magistrat de
St-Omer formerait un chapitre très intéressant de l'histoire de cette ville.*

sait de savoir à qui, du gouverneur de la place ou du mayeur, il fallait conduire les étrangers qui entreraient dans la ville.

Le prince de Robecq, comme commandant de la milice de la province, revendiquait cette prérogative ; mais, avait écrit le 20 mai le Magistrat à son agent, « il y a un concordat de l'an 1636 qui tranche la question en faveur du Mayeur », et un mémoire ava t été remis à M. de Zeur qui devait le présenter au conseil privé et faire tous « debvoirs » pour déjouer les manœuvres du Prince (1).

Mais contrairement aux prévisions du Magistrat le mémoire avait été envoyé au prince de Robecq prié d'en donner son avis et, le 6 juin, M. de Zeur avait écrit :

« Messieurs, je n'ai su découvrir le mys-
« tère de cet envoi, car M. d'Audenhove
« m'a dit que si ledit advis n'ava t été en-
« voyé audit prince, le Conseil privé au-
« rait pris autre résolution sur cette affai-
« re (2) ».

---

(1) *Arch. mun. — Corr. du Mag; Copie du mémoire « leu et décretté en assemblée de Messieurs du temps le 20 may 1676 ».*

(2) *Ibidem. Lettres de de Zeur du 6 juin 1676.*

Le 11, les nouvelles n'avaient pas été meilleures :

« Je suis tous les jours aux trousses de « M. Werquemans, avait écrit de Zeur ; il « dit à présent à ses gens, quand quelqu'un « sonne à sa porte : voilà de Zeur qui me « vient encore importuner (1) ».

Le 13, la correspondance avait pris le ton de la moquerie :

Aux plaintes du Magistrat, présentées par M. de Zeur, M. Werquemans avait répondu « qu'il ferait écrire à la Royne pour « avoir un Conseil privé particulièrement « chargé des affaires du pays d'Artois, vu « qu'il y avait bien besoin (2) ».

Vers la fin de Juillet, Messieurs de la ville surent la vérité qui était au fond de cette affaire par une lettre précise de leur agent : le duc de Villa Hermosa avait reçu du prince de Robecq des lettres relatives aux affaires de la ville, lettres qu'il avait communiquées au Conseil privé et qui faisaient prévoir de prochaines entreprises sur l'autorité de leurs seigneuries par les gouverneurs généraux et particuliers. De là des ressentiments et des que-

---

(1) *Ibidem. — Lettre du même, reçue et ouverte le 24 juin.*

(2) *Ibid. — Lettre du même, reçue et ouverte en halle le 18 juin.*

relles qui étaient loin d'améliorer la situation.

\*
\* \*

Des dispositions d'esprit du « peuple »
tant de notre ville que de notre campagne
je sais tout ce qui a été dit par les historiens aux gages du roi d'Espagne et ceux
qui les ont copiés ; mais j'en crois le père
Carme Ange de Jésus, l'historien présumé
du siège de St-Omer (1) de 1638, qu'on
n'accusera pas de tendresse pour les Français, si l'on n'avait eu à compter en 1638
que sur les bourgeois pour la défense de
la place, Richelieu n'aurait pas eu la douleur d'écrire au maréchal de Chatillon les
lettres sévères que l'on sait. Quel abatte-
ment dans la population lorsqu'on y reçut la nouvelle de la prise du Bac par les
Français ! Quelles instances pressantes du
Mayeur et de la garde bourgeoise auprès
du gouverneur de la ville pour être dis-
pensés de défendre les portes Ste-Croix et
du Brusle, lorsqu'ils virent les assiégeants
dresser leurs batteries sur les hauteurs (2)
qui menaçaient ces portes... J'en crois
également les recommandations sans cesse

---

(1) *Bib. de St-Omer. — Msc 810 portant pour titre :* Histoire de la ville et cité de St-Omer.
(2) *Ibid.*

renouvelées par le gouverneur des Pays-
Bas à nos grands Baillis et à nos Mayeurs
au nom de Sa Majesté catholique pour qu'on
eût l'œil ouvert sur les étrangers s'em-
ployant à corrompre les bourgeois en vue
d'une introduction des Français dans leur
ville (1). Et les paysans de notre banlieue,
en 1677, n'étaient pas dans d'autres sentiments que ceux de 1598, dont Hendricq,
zélé partisan pourtant des Espagnols, nous
dit dans ses mémoires : « Les pauvres pay-
« sans disoient aimer mieux tomber ès-
« mains des Franchois qu'en celles de nos
« soldats moins miséricordieux qu'iceulx
Franchois (2) ». Je pourrais prouver par
bien d'autres citations que Martin Calmon

---

(1) *Voir notamment dans la correspondance du Magistrat les lettres écrites le 8 février et le 1? Mars 1655 par
« Léopold Guillaume, Archiduc d'Autriche, Lieutenant Gouverneur et Capitaine Général des Pays Bas et de Bour-
gogne, à ses chers et bien aimés les
Mayeurs et Eschevins de la ville de St-
Omer : » deux documents précieux pour
l'histoire du parti Français à St-Omer
sous la domination Espagnole.*
(2) *Petite histoire audomaroise, page 41.*

(1), Jacques Poitevin, Antoine Folie, le
gouverneur M. de Bassigny, son secrétaire M. Hubert de Moustier (2), et bien d'autres audomarois mis au pilori de l'histoire
par les partisans de l'Espagne, n'ont pas
été les seuls à St-Omer à souhaiter de re-
devenir Francais avant la date fatidique
du 22 avril 1677.

\*\*\*

Sans aucun doute le clergé tant séculier
que régulier de Saint-Omer était en 1677
dévoué toujours au roi d'Espagne et ne dé-
sirait pas du tout devenir Français, et cela
se comprend : cette auguste maison d'Autriche était « le bras droit de l'Eglise » (3) aux
yeux des clercs, qui dominaient partout où
elle les couvrait de ses ailes, tandis qu'en
France les choses étaient loin de se passer
ainsi. De là ces processions annuellement

---

(1) *Bib. municip. Corr du Mag.* —
*Toute une liasse de pièces relatives à la
prétendue trahison de Martin Calmon.
Petites histoires Audomaroises, page
83.*

(2) *Petites histoires Audomaroises,
pages 88 et 89.*

(3) *Bibliothèque de la ville de Saint-
Omer ; msc. n° 810 : histoire de la Ville
et Cité de St-Omer.*

et fidèlement renouvelées par eux pour rappeler les entreprises infructueuses des Français sur la porte Sainte-Croix en 1594, sur toute l'enceinte des remparts en 1638. De là encore ces éternelles invectives de leurs prédicateurs contre les « chiens d'hérétiques » les « boucs puants », les « suppôts de l'enfer » qui avaient nom Français.

Mais que pouvaient les chanoines de la cathédrale, les moines de St-Bertin, les Jésuites Wallons ou Anglais, les Récollets, les Capucins, les Dominicains, etc., etc., pour la « tuition et conservation de la ville ? »

Des prières ?

Je suis loin de méconnaître la puissance de cette arme défensive, mais on invoquait le secours du Dieu des Chrétiens dans les deux camps.

Des gardes sur le rempart ?

Faible appoint que cent et quelques religieux peu habiles aux combats, distribués dans dix ou douze petites places d'armes sur les remparts aux intervalles laissés entre les diverses connétablies de la milice bourgeoise (1).

_____

(1) *Arch. munic. — Comptes du guet, 30 août 1657. « Rapport des Eschevins commis à faire la visitation sur les*

2

Des corvées pour les fortifications et autres travaux de defense ?

Les Dominicains refuseront ce service (1).

Des contributions aux charges civiques d'usage en temps de siège ?

Les curés de nos six paroisses prétendront s'y soustraire (2).

Il faudrait plaindre une ville assiégée qui aurait pour tous défenseurs des prêtres séculiers et réguliers.

En résumé donc et le prince de Robecq lui-même le dira, toute la force de la ville de St-Omer en 1677 était dans sa garnison, car de la milice bourgeoise et de la garde il n'en fallait parler non plus que de la compagnie du bailli, de celle du mayeur ni des quatorze canonniers de la ville, tous mariés et chargés de famille, engagés sous serment au service de Messieurs pour une solde annuelle de 10 florins pas toujours payée (3).

---

maisons couventuelles d'hommes de ceste ville » (document très curieux).

(1) Fait relaté ci-après.

(2) Id.

(3) Achives municip. : Comptes des fortifications ; remontrance des 14 canonniers de la ville au Magistrat en date du 16 avril 1677.

Et au moment où les Français mettaient
le siège devant la ville d'Aire, la garnison
de St-Omer était réduite à un chiffre insi-
gnifiant, le Magistrat ne craignant d'ailleurs rien tant que de la voir s'augmenter,
comme l'attestent ce passage d'une lettre
de De Zeur écrite de Bruxelles le 23 juillet : « Vos seigneuries sont à présent hors
« de crainte d'être chargées de la garnison
« de Bouchain (1) » et cet autre d'une
autre lettre du même écrite quelques jours
plus tard : « On a à présent plus de ma-
« tière de craindre d'être chargé des deux
« garnisons de Bouchain et d'Aire : *Quod*
« *Deus avertat !* (2). »

Au fait pour une nombreuse garnison il
fallait des abris, des lits, des vivres, des
armes et des munitions, ou de l'argent, et
la ville de Saint-Omer était loin d'être suffisamment pourvue de toutes ces choses
indispensables en temps de siège.

*
★ ★

Le siège d'Aire ne fut pas long.
Il avait commencé le 21 Juillet.
Le 27 au matin on écrivait de Lille et de
Tournai à l'agent de Zeur.

---

(1) *Arch. de St-Omer ; corresp. du
Mag.*
(2) *Ibidem.*

« On n'entend plus tirer » (1)

Le 28 au soir il courait à Bruxelles « divers bruits semblables à ceux de Condé et de Bouchain à la fois funestes et véritables » (2)

Et, le 31, Aire capitulait tandis qu'à St-Omer le clergé chantait une messe pour sa délivrance (3). On sait que le roi de France, en souvenir de ce rapide succès, fit frapper une médaille avec son effigie sur une face et cette légende en latin : « Louis le Grand, roi très chrétien », et sur l'autre face la ville d'Aire, sous l'emblème d'une femme étonnée à qui la victoire arrache la couronne de tours qu'elle a sur sa tête. Autour de l'image se lisaient : *transeuntis exercitûs expeditio*, marquant que, dans cette expédition, les Français avaient pris la ville d'Aire en passant, et dans l'exergue : *Aria capta*, ou Aire prise, MDCLXXVI (4).

---

(1) *Arch. mun. — Corr. du Mag. Lettre de de Zeur écrite de Bruxelles le 30 Juillet, reçue et ouverte le 2 août.*

(2) *Ibid.*

(3) *Arch. mun. Reg. aux Dél. éch. FF. 31 juillet 1676.*

(4) *Van Loon : Histoire métallique des Pays-Bas.*

Mais où allait cette armée qui prenait Aire en passant ?

Si l'on s'était fait quelque illusion sur ce point à St-Omer, le gouverneur des Pays-Bas l'aurait tôt dissipée, car, par un ordre exprès de son Excellence, le jour même où Aire ouvrit ses portes aux Français, la garnison de St-Omer était renforcée de 700 hommes envoyés en toute hâte d'Ypres sans avis préalable de leur arrivée au gouverneur de la ville et au magistrat, comme cela se pratiquait en temps ordinaire (1).

*
* *

A ce moment un nouveau différend, qui aurait pu précipiter le dénouement de la crise, faillit mettre aux prises le corps de ville avec les officiers du roi.

Le prince de Robecq et le président Simon manifestèrent l'intention de ne pas faire entrer le mayeur dans le Conseil de guerre et de ne pas admettre à siéger dans les Etats à côté des députés de la Noblesse et du clergé un député des villes.

Pourquoi ?

Naturellement le Magistrat protesta contre cette double exclusion. D'abord il y

_____

(1) *Arc. mun. — Reg. aux délib. éch. 31 Juillet 1676.*

allait à ses yeux de « l'intérêt de la vil-
« le que l'on admît Monsieur le Mayeur
« de l'an dans l'assemblée du Conseil de
« guerre, comme cela s'était toujours pra-
« tiqué, à cause du souvenir que plusieurs
« du Magistrat avaieut conservé du siège
« de 1638 et des documents relatifs à ce
« siège dont ils avaient connaissance ». Et
puis n'était-il pas de toute justice que dans
la pénurie d'argent où l'on était, à la veille
d'un siège qui devait ramener toutes les
difficultés de 1638, dont chacun avait conservé le souvenir, le Tiers-Etat eût voix
au chapitre dans les Etats et que les villes
fussent consultées, lorsque ceux-ci discute-
raient la question des sacrifices à leur im-
poser ?

Deux échevins et le Mayeur des Dix
Jurés furent chargés d'aller faire des remontrances à ce sujet au Prince de Robecq et
au Président Simon et de déclarer que
Messieurs de la Ville considèreraient comme frappé de « nullité en cas de refus tout
« ce qui par les autres députés seroit fait
« et négocié ». Heureusement pour le roi
d'Espagne, l'ultimatum de « Messieurs »
produisit son effet : le prince de Robecq,
ainsi que le président Simon, se déclara
prêt à donner satisfaction au double vœu
du corps de ville (1).

--------

(1) *Ibid.*

L'ère des sacrifices s'ouvrit dès le jour même du 31 juillet.

A peine les 700 hommes de renfort envoyés d'Ypres furent-ils entrés dans Saint-Omer que le prince de Robecq requit Messieurs de désigner « pour chaque nuit un « échevin chargé de se tenir de garde en « la scelle et d'être prêt à ouvrir prompte-« tement la porte Ste-Croix » aux défenseurs de la place en cas d'attaque soudaine de l'ennemi (1).

Le 5 août autre réquisition :

Les Français se trouvant dans le voisinage, Messieurs furent prévenus qu'ils eussent à faire délivrer par leur argentier une somme de cent florins pour être employée par les soins des Echevins commis à l'artillerie à une prompte réparation des batteries (2).

Le 6 août, autre réquisition encore :

Messieurs furent avertis qu'ils eussent à construire une seconde palissade devant la brèche de St-Bertin, où la place n'était défendue que par un large fossé, une haie vive d'épines contenant quarante verges de terrain sur le bord même du fossé, une vieille palissade dont les soldats enlevaient les planches pour se chauffer et « le corps de garde l'abbé » construit après le siège

---

(1) *Ibid. Dél. du 3 août.* (2) *Ibid.*

de 1638 par Wallerand Marissal maître maçon avec « cheminée, huis, fenêtres et deux pignons aux deux bouts pour asseoir les ramures du comble » (1).

*<br>* *

De ces trois charges, la première ne souleva aucune réclamation, d'autant que la garde de nuit en la scelle, d'après l'ordonnance du prince de Robecq, ne devait « être que pour peu de temps ».

Mais où prendre des gazons pour la réparation des batteries ?

Où trouver du bois pour celle de la brèche ?

Et à l'arrivée des troupes de renfort envoyées d'Ypres il avait fallu aviser à construire des baraques pour les loger, malgré le manque de matériaux et d'argent où l'on se trouvait. Pour se mettre en mesure de faire ce dernier ouvrage. on avait écrit, le 3 août, à son Excellence le duc de Villa-Hermosa une lettre navrante réclamant d'urgence une indemnité et 150 chênes promis par sa Majesté. Afin de mieux « mouvoir » son Excellence à « servir » la ville de ce secours : « Nous nous enga- « geons, avait dit le Magistrat dans sa sup-

---

(1) *Ibid.* — *Comptes des fortifications,* 27 *Février et 27 Décembre 1638.*

« plique, à consacrer nos cœurs, nos vœux
« et nos affections à votre Excellence avec
« protestation que nous serons toujours
« prêts à exposer entièrement le peu qu'il
« nous reste de vie pour témoigner notre
« zèle et fidélité et du peuple de cette ville
« au royal service de sa Majesté, à l'imita-
« tion de nos prédécesseurs au siège de
« 1638 et aux autres occurrences » (1).

*
* *

Pour mieux assurer encore le succès
des démarches en cour, le procureur de
ville reçut l'ordre de se rendre auprès du
prince de Robecq et de le prier de mettre
la ville en mesures d'exécuter tous ces ordres (2).

Le 6 août avant qu'une réponse à cette requête pût être arrivée, on recevait d'autres
ordres pour d'autres sacrifices.

Le Procureur de Ville fut aussitôt avisé,
qu'il eût à voir sans délai le prince de Robecq et à lui demander l'autorisation de
prendre du gazon dans la pâture du Myet
pour la réparation des batteries, et du bois
dans les magasins du roi pour la construction d'une seconde palissade à la brèche de
St-Bertin. Il devait rappeler à son Excel-

---

(1) *Arc. Mun.* — *Corresp. du Mag.*
(2) *Ibid.*

lence que 150 chênes et 5000 florins avaient été promis par Sa Majesté pour la construction des baraques et que cette promesse était restée sans effet. « Si l'on ne « nous vient en aide, faisait dire le Magis- « trat, il nous sera tout à fait impossible « de satisfaire votre Excellence, car nous « manquons à la fois de gazons, de bois et « de deniers (1) »

*  
★ ★

Le duc de Villa-Hermosa ne resta point sourd au plaintes de Messieurs.

Le 6 août il leur écrivit une lettre toute pleine de compliments (2) ; mais il ne leur fit qu'une promesse vague et ambiguë de leur fournir le nécessaire pour le soulagement et la défense de la ville.

Le prince de Robecq fit attendre plus longtemps sa réponse. Le 10 août seulement il fit savoir à Messieurs qu'il les autorisait à faire prendre par leurs « chartons » deux mille gazons aux pâtures des Madeleines pour la réparation des batteries (3) ; mais il ne dit pas un mot du bois nécessaire à celle de la brèche, et, le 11,

---

(1) *Ibid. Reg. aux Dél. éch. FF.*
(2) *Corr. du Mag. — Lettre reçue le 10, ouverte le 11.*
(3) *Arc. mun. Dél. éch. FF.*

s'il écrivit au Magistrat, ce fut pour faire
« défense aux habitants du quartier du
« Laert et des environs de rompre les
« digues que l'on avait élevées de ce côté
« pour y tenir les eaux hautes, sous peine
« pour les contrevenants d'une amende de
« cinquante florins à partager en deux
« parties égales entre le dénonciateur et
« la ville. »

Les plus mécontents de ce dernier ordre ne furent assurément pas Messieurs
de la ville, à qui cette mesure promettait
au moins des deniers, ni les assiégeants à
qui les paysans sacrifiés pouvaient être
tentés de venir racheter la conservation
de leurs récoltes, sinon envahies encore,
menacées du moins de l'être par les eaux
à la veille de la moisson. Aussi ne voyons-
nous pas que le magistrat ait mis autant
d'empressement à conjurer ce dernier
désastre, qu'il en montrait à prévenir ou
à faire cesser d'antres inondations intéressant de plus près le « peuple » de
la ville où à se faire accorder le droit de
prendre les bois du Roi pour la réparation
ou la construction des palissades de ses
remparts (1).

----

(1) *Arch. mun. — Reg. aux dél.
éch. FF.*

\*
\* \*

A cette dernière demande il ne fut répondu que le 16 août :

Ce jour-là, le Grand Bailli, sur l'ordre sans doute du prince de Robecq, fit connaître à Messieurs qni n'avaient pas encore fait construire la deuxième palissade ordonnée par son Excel'ence, qu'ils étaient autorisés à prendre pour cet ouvrage du bois dans les magasins du roi.

Mais en même temps il avertit leurs Seigneuries qu'ils eussent à élever sur le parapet derrière l'abbaye un nouveau gazonnement, d'une épaisseur à l'épreuve du canon, ouvrage pour lequel le prince leur permettait de tirer les gazons nécessaires dans la pâture du Myet (1).

J'ai en vain cherché où était cette pâture, sur laquelle le Magistrat nous dit qu'il n'avait pas d'autorité.

Il ne serait pas sans intérêt pourtant de le savoir pour l'histoire qui est toujours à faire des propriétés communales de Saint-Omer.

\*
\* \*

Le 18 août la situation s'était bien aggravée, à en juger par les mesures prises ce jour là dans une assemblée du Conseil de guerre (2).

---

(1) *Ibid.*
(2) *Ib.*

Défense fut faite aux chefs des portes et aux portiers de laisser sortir aucun soldat de la garnison ni leurs femmes.

Craignait-on des désertions ?

Les soldats de Sa Majesté étaient certes assez mal nourris et assez mal logés pour qu'il leur pût envie de se donner la clef des champs.

Il fut interdit de laisser les femmes de soldats allant « glesner » rentrer dans la ville chargées de sacs remplis de fèves et autres grains.

Craignait-on des trahisons ?

Et quelques jours plus tard résolution non moins significative du magistrat : « il « sera avisé de suite, nous dit une délibé- « ration échevinale, aux moyens d'amélio- « rer le service de la garde tant de nuit « que de jour sur les remparts et dans les « corps de garde ». (1)

Craignait-on une surprise prochaine des Français ?

Il était dans tous les cas urgent qu'on améliorât ou plutôt qu'on réformât ce service, car, en mars 1676, pour une plus grande sûreté de la place, on avait décidé qu'à l'avenir « au lieu de gardiens commis « par les bourgeois en leurs places, les uns « trop ou trop peu âgés, les autres estro-

_____

(1) *Ibid. Dél*on *du 25 août.*

« piés ou de peu de défense, seroient choi-
« sis et establis par Messieurs soixante-dix
« hommes des plus dispos et capables, qui
« pourroient se rencontrer, pour faire jour-
« nellement la garde de nuit à autre, les-
« quels s'engageroient pour une année et
« seroient tenus d'obéir dans les fonctions
« de garde aux officiers de la compagnie
« de Messieurs ou tels autres qui seroit
« trouvé bon et auxquels seroient payés
« pour gages et salaires neuf florins pour
« chacun. » Or au 25 août le Magistrat
n'avait pu enrôler que quarante-huit « gar-
« diens et non plus capables que les an-
« ciens », si bien qu'il fut résolu, nous dit
le registre aux délibérations échevinales,
que l'on remercierait ceux-ci après les
avoir rénumérés et qu'on aviserait à rétab-
blir la garde « sur son ancien pied. » Mal-
heureusement c'était remédier au mal présent par un retour à un mal passé con-
damné d'avance.

*<br>* *

Le 25 août me met devant les yeux un
fait pour lequel le lecteur me permettra,
je l'espère, une petite digression. La chose
en vaut la peine. On a vu plus haut que le
prince de Robecq après avoir entendu les
remontrances du Magistrat n'avait plus
fait difficulté d'admettre dans le Conseil

des Etats un député des villes. Mais ce n'était pas tout d'obtenir cette admission en principe. Il fallait la faire passer dans les faits et ceci souleva bien des difficultés nouvelles, comme on va voir.

Le 19 juillet, en effet, au moment où la ville d'Aire se trouvait cernée par les Français, le Magistrat de St-Omer avait élu député intérimaire aux Etats d'Artois pour les villes Me Jacques Taffin, son second conseiller, en remplacement de Me Alard Deslions, qui venait de mourir. Mais celui d'Aire avait choisi pour occuper cet emploi Me François Ogier, avocat, un de ses membres, et les deux députés du clergé et de la noblesse, « Noble et vénérable « personne Jacques de Lières, chanoine et « pénitencier de notre cathédrale et Mes-« sire Maximilien de Lières, comte de St-Ve-« nant » grand bailli de notre ville, avaient refusé d'admettre l'élu de Messieurs de la ville de St-Omer, sous prétexte qu'il « ne se trouvait exemple de provision par inté-rim de ladite charge ». Le motif de leur refus avait-il bien été celui-là ? On peut en douter, lorsqu'on se rappelle les vives querelles du comte de Saint-Venant avec les Mayeurs de St-Omer, dont l'un, Jacques Decroix, seigneur d'Ecoult, insulté, avait exigé de ce bailli des excuses très humiliantes, et lorsqu'on observe que les deux députés récalcitrants étaient cousins germains.

Le Magistrat toutefois dans la plainte qu'il avait portée en cour avait fait valoir d'autres raisons.

« Il y a sujet de crainte, avait-il dit,
« dans sa remontrance à sa Majesté Catho-
« lique, que les droits des villes ne souf-
« frent quelque atteinte notammeut en la
« présente conjoncture de temps où il im-
« porte que les intérêts de celles-ci soient
« conservés dans les Etats par quelqu'un
« qui leur ait serment » et laissant de côté
les rancunes des deux « cousins ger-
« mains » qui seules peut-être expliquaient
leur opposition à l'admission dans les Etats
de son conseiller, il s'était borné à dire que
la prétention des députés de la noblesse et
du clergé allait contre toute raison qui
veut que les « remontrants ayant droit
« d'establir un député aient aussi la puis-
« sance au défaut d'icelluy de commettre
« quelque personne pour veiller à leurs
« intérêts jusques à ce que la charge se
« puisse absolument pourvoir, veu les
« emprinsses que l'on peut faire sur
« iceulx »

Le roi avait partagé cet avis et, le 11 août 1676, il avait rendu ce décret signifié, le 18, aux intéressés par Le Réant, huissier d'armes des privé et Grand Conseil de Sa Majesté en la ville de St-Omer :

« Sa Majesté ordonne aux députés ordi-
« naires des Etats d'Artois d'admettre
« dans leur Assemblée M^re Jacques Taffin,
« second conseiller de la ville de St-Omer,
« comme délégué ordinaire du Tiers Etat,
« en prêtant le serment afférent jusques à
« ce que autrement soit ordonné. Fait à
« Bruxelles le 11 d'août 1676 ».

Mais les deux députés de la noblesse et
du clergé, malgré cet ordre formel, avaient
persisté dans leur opposition et les « Mayeur
et eschevins de la ville de Saint-Omer »,
avaient dû adresser à la cour cette nouvelle requête, qu'on lira avec intérêt, je crois,
dans l'intégralité de son texte en raison
des renseignements utiles qu'elle renferme.

« Au roy,

« Les Mayeur et Echevins de la ville de
« St-Omer viennent représenter à Votre
« Majesté que les sieurs Chanoine de Liè-
« res et Maximilien de Lières, comte de
« St-Venant, députés, le premier pour le
« clergé et le second pour la noblesse du
« pays d'Artois, font refus de recevoir M^e
« Jacques Taffin leur second conseiller
« pensionnaire, à l'exercice de la charge de
« député du Tiers Estat, dont ils l'ont pour-
« veu par intérim, nonobstant l'ordon-
« nance de Votre Majesté à eulx intimée,
« selon qu'appert par la relation couchée

3

« au pied d'Icelle, soubs nouveau prétexte
« que ceux de la ville d'Aire auroient par-
« avant leur réduction donné leur suffrage
« à M° François Ogier, advocat, pour des-
« servir ladite charge, de quoi néantmoins
« Icelluy ne pourra faire apparoir, et sans
« cependant reflescir qu'à supposer ce mis
« en faict pour véritable (que non) ledit
« suffrage n'ayant porté aucun coup pour
« le temps qu'il pourroit avoir esté donné,
« à cause de la discordance avecq celuy
« des suppléants, ne doibt plus estre consi-
« déré au temps présent que ladite ville a
« changé de domination par force de guer-
« re, et qu'il est question d'une nouvelle
« affaire demeurée pour lors indécise de
« laquelle les suppliants peuvent seuls dis-
« poser comme restant seuls dudit pays
« soubs la domination de Votre Majesté.
« Pourquoi ils viennent supplier Votre
« Majesté de leur accorder provision de
« justice à la charge desdits députés et ne
« rien appointer sur telle remontrance
« qu'ils pourroient mettre en avant, ains
« les renvoyer pardevant ceulx du Conseil
« d'Artois à l'instruction de l'advis que
« Votre Majesté y a demandée, où lesdits
« suppliants espèrent de faire voir la fri-
« volité de l'allégation recherchée et qu'il
« y a exemple de provision par intérim ».

\*
\* \*

Il y avait exemple en effet de telle provision, notamment en 1643 pour M⁰ Le Merchier, en 1647 pour Jacques de Pan, en 1666 pour M⁰ Alard Deslions lui-même.

Enfin le roi, à qui d'ailleurs l'advocat Ogier avait présenté de son côté une remontrance, n'en voulut point savoir davantage et, le 25 août, il rendit cette seconde ordonnance qui terminait tous débats :

« Veue la requeste des Mayeur et Eche« vins de St-Omer et celle présentée au« jourd'hui par l'Advocat Ogier, sa Ma« jesté ordonne aux députés ordinaires des « Estats d'admettre Mᵣᵉ Jacques Taffin en « suite du décret de l'onzième de ce mois « à peine d'ultérieure provision à leur « charge. Fait à Bruxelles le 25 d'août « 1676 (I). »

\* \*

A propos du décret du onze cité plus haut, une lettre de de Zeur, portant la date du 27, relate un incident dont il ne sera pas non plus sans intérêt, je crois, pour le lecteur de lire un court récit.

Si la ville avait ses Députés, les Etats avaient aussi les leurs.

_____

(1) *Arch. mun. — Instructions aux députés. de Messieurs aux Etats d'Artois ; copies de « deux humbles remontrances au Roy », août 1676.*

Or, à la réception du décret signifié le 18 août par l'huissier d'armes Le Réant au comte de Saint-Venant et au chanoine, son cousin germain, les Etats avaient aussitôt envoyé en cour deux de leurs membres, les « cousins germains, » j'imagine, pour s'excuser de n'avoir pas admis M. Jacques Taffin malgré l'ordonnance formelle du roi.

Sans doute ceux-ci se logèrent à Bruxelles dans l'hôtellerie où avaient coutume de descendre ceux de la ville dont le pied à terre était, on le verra, l'hôtellerie portant pour enseigne « La Ville de Constantinople », où de Zeur allait prendre les lettres et paquets à son adresse apportés par le Messager de Messieurs. A la « Ville de Constantinople » que se passa-t-il, lorsque la première requête de Messieurs y fut déposée ?

Ecoutons le récit que nous en fait de Zeur dans une lettre au Magistrat en date du 27 Août 1676.

« Messieurs, le messager Cornu a pris la
« peine de laisser croupir le paquet de vos
« seigneuries dans la valise et l'a laissé
« fouiller dans la cuisine de son hôtel-
« lerie jusques au mardi à midi, de quoi
« m'ayant esté fait rapport, j'ai esté obligé
« d'aller cercher et prendre ledict paquet
« audict lieu, là où les autres lettres me
« sont parvenues le lundi à midi, ce qui

« me donne umbrage de quelque friponne-
» rie ou subornation de la part des dépu-
« tés des Estats, dont la rescription en for-
« me d'advis clos et serré a esté mise à
« court dès le matin mardi 25 courant
« avecq la requeste par copie de vos Sei-
« gneuries pensant de happer quelque pro-
« vision révocatoire du décret du 12 de ce
« mois ; tant y a que cela a empesché que
« je n'ay peu parvenir aux exécutoriales,
« ains seulement à une provision itérative
« qui va icy joincte. Le conseil privé es-
« tant un conseil de grâce est fort difficile
« à accorder exécutoriales ès cas semblables
« contre des députés d'Estats et autres de
« communautés (1).

Ainsi à en croire de Zeur, les députés
des Etats auraient suborné le Messager
Cornu et des gens de l'hôtellerie, auraient
fouillé la valise des dépêches et pris connaissance de la requête qu'elle contenait,
auraient formulé en conséquence leur rescription et auraient ensuite saisi le Conseil
privé de leurs raisons avant que celles du
magistrat pussent être lues.

Ce sont là assurément des friponneries
qui, si elles sont réelles, nous édifient sur
la moralité des procédés des députés des

---

(1) *Corr. du Mag.* — *Lettre de de
Zeur, reçue et ouverte le 30 août.*

Etats dans leurs rapports avec ceux des villes, sur leur peu de sympathie pour les représentants du Tiers Etat, mais aussi sur le peu d'entente à Saint-Omer entre les officiers du roi d'une part, l'échevinage et le peuple d'autre part, à la veille de graves évènements, auxquels cette petite digression nous ramène.

\*  
\* \*

Le 28 août 1676, le magistrat se vit forcé de faire arrêter et envoyer à la prison du Château un officier du terce Italien du maître de Camp Dom Bonamigo qui avait tenu sur lui les discours les plus malveillants, de dresser une information à sa charge et d'en faire délivrer une copie par le greffier Hanon à l'auditoire des gens de guerre (1).

Le 1er septembre fut reçue et ouverte en halle une lettre du duc de Villa-Hermosa ainsi conçue :

« Nous vous faisons ceste ordonnans au
« nom de Sa Majesté de recevoir et loger
« dans la ville de St-Omer les bagages des
« terces d'infanterie Wallonne des maîtres
« de camp le ducq d'Hauré, chevalier de
« l'ordre de la Toison d'or, et des comtes
« de Grimberge et de Coupigny, en la

---

(1) *Reg. aux Délib. FF.*

« mesme forme et manière comme les au-
« tres y estans (1). »

Le 15, le prince de Rebecq requit Messieurs de faire enfler les eaux des pâtures
communes, sises entre le faubourg du
Haut-Pont et le bac de St-Momelin (2).

Le 16, il fut fait rapport en halle Echevinale de toutes sortes d'excès commis
par les soldats logés chez les bourgeois et
surtout par leurs femmes qui, en l'absence
de leurs maris « estant aux champs », bri-
saient ou emportaient « bancs, armoires,
« cremaillères, matelas, couvertures et
« jusqu'au fond des couches », sans que
les officiers à qui l'on portait plainte, en
témoignassent aucun souci (3).

Que de nouveaux ennuis !

*
* *

Naturellement magistrat et peuple se
plaignirent.

Loger les bagages !... Loger les officiers eux-mêmes et leurs soldats était déjà une si lourde charge pour les bourgeois

---

(1) *Corr. du Magistrat. — Lettre du
duc de Villa Hermosa, écrite le 19 août,
reçue et ouverte le 1er septembre.*
(2) *Corresp^ce du Mag*
(3) *Reg. aux délib^ons éch. FF.*

que M^{re} Jacques Taffin avait dû demander
aux Etats qu'on en fît peser une partie sur
les maisons religieuses exemptes du logement militaire, d'où cette ordonnance de
l'Intendant du département d'Artois : « Il
« est enjoint à la mère et aux sœurs du
« couvent dict le Soleil de ceste ville de
« recepvoir chez elles le nombre de douze
« soldats qui leur seront envoyés par or-
« dre de Messieurs du Magistrat de ceste
« ville et d'en avoir le soing convenable à
« la charité qu'elles doivent avoir dans la
« conjoncture présente. Fait à St-Omer le
« XV^{me} de septembre 1676 (1).

« SIMON ».

Faire enfler les eaux aux pâtures communes ?

Sans parler des récoltes des champs voi-
sins perdues, où retirer les vaches et che-
vaux qui y paissaient ? Et comme si tout
cela ne suffisait pas encore au prince de
Robecq un autre ordre du même jour vint
prescrire de faire enlever les grains et autres dépouilles des granges de la ville pour
y loger les soldats malades venus au secours de la place (2), en même temps que
Messieurs étaient mis en demeure d'aug-

(1) *Corr. du mag.*
(2) *Ibid.*

mnnter au plus tôt leurs provisions de poudre malgré la pénurie d'argent où ils étaient.

Nouvelle plainte donc.

Mais que nous signifie ce passage d'une relation de la délibération échevinale citée ailleurs : « D'aucuns faisaient voler le « bruit que d'aucuns du corps de ville et « des bourgeois n'avaient pas tout le cœur « zélé à se maintenir et conserver sous la » nomination du roi d'Espagne »?

On est bien porté à croire que ces bruits n'étaient pas sans fondement, lorsqu'on voit le gouverneur de la ville donner à ce moment ordre sur ordre au Magistrat pour une recherche active de tous les étrangers présents dans la ville et une surveillance de leurs paroles et de leurs actes ?

\*
\* \*

Le corps de ville ne voulut pas cependant rester sous le coup d'une accusation qui exposait au moins « d'aucuns de ses membres » à des sévérités, et, dans une assemblée de Messieurs du Temps tenue le 16 septembre, il fut décidé qu'on députerait en cour le Mayeur de l'an Messire Gilles de Lières et le conseiller second Me Jacques Taffin pour dissiper ou prévenir ces fâcheux soupçons :

Les deux députés devaient se rendre au plus tôt à Bruxelles ou ailleurs, « s'il en

estoit besoin, » c'est-à-dire là où ils pourraient voir le duc de Villa-Hermosa et les
principaux ministres de la Cour, désabu-
ser Son Excellence de certaines « calom-
nies » et protester de la fidélité de tout le
peuple et de tout le corps de ville au roi
d'Espagne, de « leur zèle même à son ser-
« vice, n'ayans rien plus à cœur les uns et
« les autres que de se maintenir sous sa
« douce domination ».

Mais ils devaient aussi faire connaître
au gouverneur général des Pays-Bas l'état
misérable de la ville, les excès qu'y com-
mettaient les soldats privés de leur solde
depuis deux mois, la nécessité de les pourvoir sans délai de baraques, bien que le
Conseil d'Artois n'eût pas encore payé les
5000 florins destinés à cette fourniture et
accordés par son Excellence le 14 août, les
exemptions illégales du logement militaire
octroyées à certaines personnes par le
Conseil d'Artois, et d'autres misères encore
dont le détail avait fourni, avec les griefs
ci-dessus, la matière d'une instruction en
16 articles. (1)

*
* *

Mais avant que Messire Gilles de Lières
et Mᵉ Jacques Taffin eussent pu s'acquit-

_____

(1) *Ibid.*

ter de leur Commission, un décret du roi d'Espagne vint tout à coup modifier leurs instructions.

En effet le 21 septembre, Messieurs du temps étant assemblés en halle, « il leur « fut fait rapport que Monseigneur le prin- « ce de Robecq, chevalier de la Toison « d'or, commandant à la milice, avait re- « cheu lettre d'advertance que sa Majesté « l'avait honoré de l'état de gouverneur « général de ce pays et comté d'Artois ». Le roi d'Espagne par cette résolution avait voulu sans doute, à la veille d'un siège, pour mieux assurer la défense de la place, couper court à toutes querelles entre ses officiers et ceux de la Ville, entre les deux ordres privilégiés et le Tiers Etat, entre le parti Espagnol et le parti Français et dans ce dessein il avait fait du comman- dant de la milice le lieutenant général du roi, c'est-à-dire une espèce de dictateur assisté de deux conseils : un conseil de guerre pour les affaires militaires, les Etats d'Artois pour les finances et les af- faires civiles.

\*
\* \*

Cette résolution ne dut certainement pas plaire à « Messieurs du Temps », qui attribuaient probablement et non sans rai- son au prince de Robecq les ; « mauvais bruits » dont ils se plaignaient.

Ils n'en témoignèrent toutefois aucun dépit.

Au contraire, comme s'ils s'en réjouissaient, ils résolurent « de faire complimen- « ter son Excellence et de lui présenter « les vins de la ville au nombre de 24 can- « nes pour marques d'honneur et pour té- « moigner la réjouissance qu'ils en avoient « (1) » ; et leurs députés en cour reçurent d'autres ordres. Aussi, dans une lettre écrite par eux de Bruxelles le 1er octobre, reçue à la scelle de St-Omer le 4, ils ne font aucune mention des griefs formulés dans leurs instructions du 16 septembre. Ils racontent qu'ils sont arrivés « samedi soir » à Bruxelles ; qu'ils ont pris logement à la « Ville de Constantinople; » qu'ils n'ont fait aucune mauvaise rencontre dans les chemins ; puis, abordant l'objet de leur mission, ils ne parlent que de l'impôt de 18 sols au sac de brais que d'aucunes personnes refusent de payer, de certaines difficultés concernant les comptes des fortifications, d'une continuation d'octroi sollicitée par la ville et de la nouvelle d'un succés de l'armée ennemie au pays de Luxembourg (2).

---

(1) *Arc. mun.* — *Reg. aux Dél. Éch. FF.*
(2) *Corr. du Magistrat* — *Lettre du Baron de Berneville et de J. Taffin.*

*
* *

Mais Messieurs du Temps, en se hâtant si vite de complimenter le nouveau gouverneur de la Province, sans consulter préalablement Messieurs de l'an passé et les dix Jurés pour la communauté, n'avaient-ils pas trop présumé des sentiments de tout le corps de ville et de la manière dont les ordres du prince de Robecq seraient à l'avenir reçus par lui.

Le 16 octobre voici ce que le duc de Villa Hermosa écrivit directement au Magistrat.

« Tres chiers et bien amez, comme nous
« sommes informés que les terces, régi-
« ments, compagnies, tant de cavalerie que
« d'infanterie et les dragons avec leurs
« bagages, femmes et enfans ne sont logés
« dans la ville de St-Omer en la manière
« deue : nous vous faisons ceste, vous or-
« donnans au nom de Sa Majesté de loger
« promptement par forme de garnison
« sans aulcune difficulté et réplique les of-
« ficiers et soldats, tant d'infanterie, cava-
« lerie que de dragons avecq leurs baga-
« ges, femmes et enfants et que ce loge-
« ment soit en telle forme et matière que
« l'on puisse tirer desdits militaires le ser-
« vice qu'il convient (1) ».

Le 20, « l'intendant du département »

_____

(1) *Ibidem. — Lettre reçue et ouverte le 25 octobre.*

Messire Ignace Simon envoya au Magistrat une note ainsi conçue :

« De par l'intendant du département,

« Son excellence nous ayant témoigné
« depuis peu le déplaisir qu'elle a que les
« terces qui nous ont été dernièrement
« envoyés de renfort ne sont logés conve-
« nablement, directement contre ses in-
« tentions. attendu que le mauvais traite-
« ment qu'ils reçoivent donne occasion
« aux soldats de déserter,

« Il est ordonné aux Mayeur et Esche-
« vins de la ville de Saint-Omer de pour-
« veoir sans aucune perte de temps aux lo-
« gements des terces de Monsieur le com-
« te de Grimberge et de Monsieur le baron
« de Saint-Jean et ce chez les bourgeois et
« en sorte que chaque terce puisse être
« logé dans une rue ou environ, à peine
« que le logement se fasse par main supé-
« rieure.

« Et quant au terce de Monsieur le
« comte de Coupigny, il lui sera délivré
« dès aujourd'huy le nombre de trente
« cinq matelas et couvertes, soubs offre
« qui a esté faite par le soussigné aux
« commis aux logements de les faire rem-
« placer aux frais de Sa Majesté.

« Fait le 20 Octobre 1676.

» J. SIMON. » (2)

_____

(2) _Inst^ons aux députés de Messieurs aux États d'Artois._

On ne commande pas en ces termes et sur ce ton à des « sujets » prompts à obéir.

\*
\* \*

Il est assez manifeste du reste qu'à la date du 20 octobre c'est-à-dire un mois après que sa nomination au gouvernement général du comté d'Artois avait été annoncée au corps de ville, le prince de Robecq se bornait encore à « informer » le gouverneur général des Pays-Bas, à provoquer ses ordres et à les faire communiquer aux « Mayeur et Eschevins de St-Omer » sans y employer son autorité de gouverneur de la province, car, indépendamment de ce qu'on vient de lire, voici une lettre qui nous le dit assez clairement :

« Très Chiers et bien Amez les Mayeur et Echevins de St-Omer.

« Comme nous avions fait depescher « commission de gouverneur et capitaine « général par intérim des Pays et Comté « d'Artois pour le prince de Robecq, che- « valier de l'ordre de la Thoison d'or, nous « vous faisons ceste, vous ordonnans au « nom de Sa Majesté de le tenir et reco- « gnoistre pour tel. A tant, très chiers et « bien amés, Notre Seigneur vous ait en « sa sainte garde. De Montaigu le 20 d'oc- « tobre 1676.

« Duc de Villa Hermoza (1) »

---

(1) *Corr. du Mag.*

*<sub>*</sub>*

N'avait-il pas également, le Magistrat, trop présumé le 16 septembre, dans ses instructions à ses députés en cour, des sentiments du « peuple » en affirmant que celui-ci « n'avait rien tant à cœur que de « se maintenir sous la douce domination du roi d'Espagne ? »

Voici un fait que relate le registre des délibérations :

Le nouveau règlement de la garde avait fait « commandement à tous bourgeois, manants et habitants qui payaient la gardienne », qu'ils eussent à se pourvoir chacun de « bons gardiens suffisamment âgés et non soldats » et de prendre soin comme par le passé qu'ils s'acquittassent de leur service.

Or le nombre des gardiens manquant à leur devoir de jour et de nuit n'avait fait depuis que s'accroître.

Le même règlement avait porté une amende de 20 sols contre chacun des défaillants.

Or les amendes ne se payaient pas, au point qu'il fallut nommer un receveur spécial investi du pouvoir de se les faire payer par voies légales (1).

---

(1) *Reg. aux Dél. éch. FF. 30 octobre 1676.*

*
* *

J'ai bien peur que le Magistrat lui-même
se soit fait illusion ou n'ait pas été sincère
dans ses protestations exprimées en termes si chaleureux de fidélité et de zèle.

Que nous rapporte encore en effet le
même registre ?

Le 23 octobre, Jean Minart, Messager
de St-Omer à Arras étant mort, Messieurs
du Temps s'étaient assemblés pour aviser
sur la résolution à prendre en telle conjoncture.

On pouvait attendre, ce semble, pour ré-
gler cette affaire que les communications
avec la capitale de l'Artois Français fussent devenues plus libres, car « l'ennemi »
devait occuper alors tous les chemins conduisant de St-Omer à Arras, et une telle
décision ne pouvait qu'être agréable aux
officiers du roi, à qui déjà les sorties des
femmes des soldats et les entrées des paysans du bailliage étaient suspectes. D'ailleurs, à Arras, le messager de St-Omer
pouvait donner aux Français des renseignements utiles pour leurs desseins sur
notre ville ; à St-Omer, le même messager
pouvait faire secrètement les affaires du
roi de France en encourageant le parti
français plus nombreux et plus hardi de
jour en jour. Au lieu de donner cette satisfaction au nouveau gouverneur des pays

4

et comté d'Artois, Messieurs du Temps pourvurent au remplacement de Jean Minart en conférant son office à François Caresmel, à la seule charge pour celui-ci « de prêter serment en tel cas pertinent et de donner caution suffisante avant d'entrer en exercice » (1).

*<br>* *

Au fait ne devait-on pas tenir un peu pour suspectes les belles assurances de Messieurs de la Ville, lorsqu'on les voyait dans ce temps de grandes misères dont ils se plaignaient si amèrement, alors que l'argent manquait pour réparer les brèches et les batteries de leurs remparts, alors que les mères se trouvaient réduites à la cruelle nécessité d'abandonner leurs enfants sous les porches des Eglises ou dans les cimetières, se payer des lots de vin d'Espagne, au prix de 48 sols, pour leur récréation traditionnelle de Saint-Martin d'hiver ? (2). S'ils avaient eu tant à cœur le service de sa Majesté, ils auraient fait volontiers, ce semble, le sacrifice de ce régal comme leurs prédécesseurs en Loi avaient en maintes circonstances semblables fait celui de leur « banquet du papin »,

---

(1) *Reg. aux Dél. Ech. FF. 23 octobre 1676.*

(2) *Ibid. — Même date.*

de leur banquet des « maliques » et d'autres galas encore. L'argent dépensé par
eux dans ces agapes échevinales, eût été
bien mieux employé au gré des « gouverneurs généraux et particuliers », si, par
exemple, le 9 novembre, les cinquante
soldats de la compagnie du Major, M.
de Bassecourt, qu'on ne pouvait loger dans
les quartiers du Cygne, avaient pu obtenir pour s'héberger à leurs dépens douze
liards au lieu de dix (1). Cette indemnité
leur eût épargné au moins cette peu
agréable ordonnance consignée dans une
lettre du gouverneur général des Pays-bas
en date du 18 novembre.

« Ayant veu ce que vous représentez au su-
« jet de l'employ du revenu de l'impôt qui
« vous a esté accordé pour la construction
« des baraques et considéré que lesdits lo-
« gements sont charges personnelles aux-
« quelles les sujets ont toujours esté soub-
» mis sans distinction de garnison ordi-
« naire ou extra ordinaire, Nous vous fai-
« sons ceste pour vous ordonner pour et
« au nom de Sa Majesté de donner au Pré-
« sident et Intendant Simon une déclaration
« ou estat de tous les revenus de la ville et
« de leur employ et charges afin de voir et

(1) *Ibid, 9 novembre 1676.*

« examiner ce qui pourroit estre .appliqué
« au logement des soldats (1) ».

Elle leur eût épargné aussi l'humiliation
de s'entendre lire ce passage aussi peu
agréable d'une autre lettre du même gouverneur écrite le 23 novembre au prince
de Robecq :

« Vous ferez comprendre à ceux du Ma-
« gistrat qu'il est indispensable de faire un
« effort pour loger convenablement les
« troupes, auquel effet vous leur propose-
« rez le peuple de la ville de Cambray où
« le zèle pour le service du roi a tellement
« paru sur le faict du logement qu'il n'est
« pas jusqu'à la noblesse, aux ecclésiasti-
« ques, aux chanoines et à l'archevêque
« même qui ne s'y soient soumis et offerts
« de leur propre mouvement, en quoy je
« m'assure qu'il sera peu malaisé de por-
« ter ceux de St-Omer à les imiter ».

*
* *

Mais il n'y avait pas que le peuple et le
Corps de ville qui inspirassent de la défiance au gouverneur général des Pays-
Bas à la date du 23 novembre 1676 : les
troupes du roi elles-mêmes, composées
presqu'entièrement de Wallons, ne parais-
saient déjà plus sûres, comme l'atteste la

---

(1) *Ibid.*

lettre suivante écrite à cette date par le duc de Villa Hermosa au prince de Robecq :

« Monsieur le Prince, comme j'ai été in-
« formé que les troupes qui sont de garni-
« son à Saint-Omer, estoient très mal logées
« et que ce mauvais traitement leur pour-
« roit donner occasion de déserter et oster
« aux officiers le moyen de maintenir leurs
« compagnies en l'estat qu'il convient
« pour le service du roi, je viens vous
« faire ceste pour vous encharger bien
« expressèment d'y apporter le remède
« convenable et pour vous dire qu'estant
« de la dernière importance de conserver
« les troupes de Sa Majesté dans les pré-
« sentes conjonctures et d'empescher que
« les billets que les ennemis font semer en
« divers lieux pour desbaucher nos sol-
« dats Wallons en leur faisant des offres
« pour les attirer à eux, n'ayent tout l'ef-
« fet qu'ils s'en promettent, il est très né-
« cessaire particulièrement dans les places
« frontières de prendre soigneusement
« garde que le mauvais traitement que
« l'on fait aux troupes ne leur tienne lieu
« d'un nouveau motif pour suivre les
« amorces qu'on leur présente ailleurs » (1).

Il existait donc d'autres motifs ? Oui

(1) *Ibid.*

sans doute et Messieurs de la ville l'avaient déjà dit assez clairement, à mon avis, le 7 octobre, dans ce passage de leurs instructions données à leurs envoyés en cour Messieurs le baron de Berneville et J. Taffin : « Ces soldats Wallons ne peuvent estre « que de petit service, parce que grand « nombre d'entre eux, estans du pays, se « rendront dans ceste ville et tost après « retourneront chez eux. » Ils étaient Wallons, parbleu ! ces soldats, d'origine gauloise par conséquent et parlant le Français comme les Audomarois et, n'en déplaise aux amis de l'Espagne, *lorsque l'on fut Français on s'en souvient toujours.*

## DEUXIÈME PARTIE

### Du 4 Décembre 1676 au 6 Mars 1677

Cependant on était au 4 décembre et les gelées avaient commencé ; et, d'une part, les fossés de la ville n'étaient qu'une glace, de l'autre les troupes françaises se rapprochaient davantage de jour en jour de nos remparts. Une assemblée des Deux Années et Dix Jurés pour la communauté fut convoquée (1) par ordre du prince de Robecq, qui s'y rendit en compagnie du Président des Etats, et déclara d'abord à Messieurs qu'il était urgent de rompre les glaces des fossés de la ville, si l'on voulait prévenir une surprise. Cette déclaration n'étonna personne. On s'y attendait. Mais le Prince tint ensuite un langage moins rassurant ; il dit au Magistrat qu'il était

_____

(1) *Arch. mun. — Registre aux Dél. du Mag. FF. 4 décembre 1676.*

informé de toutes ses démarches en cour et ne lui cacha point que lui-même s'était plaint de sa conduite, et sa conclusion se résuma dans ce dilemme : « Messieurs de la Ville voulaient-ils ou ne voulaient-ils pas se conserver sous la douce domination du roi d'Espagne ? S'ils le voulaient, ils devaient faire cesser les désertions en procurant des logements aux soldats de Sa Majesté, car ils savaient, comme tout le monde, que la garnison était la meilleure défense de leur ville.

— « Au surplus, Messieurs, ajouta le prince de Robecq, j'entends dire que vos magasins sont en tel état qu'il est urgent que Sa Majesté vous serve de quelques secours d'argent. »

Le Prince faisait évidemment allusion aux 5000 florins réclamés par les députés de la ville,

— « Que vos Seigneuries soient donc servies de me faire voir ces magasins ».

Mais comme sa Seigneurie ne tenait pas à constater que la Ville avait un si pressant besoin des 5000 florins du roi d'Espagne, elle visita le grand magasin qui était au-dessus de la halle et, l'ayant trouvé suffisamment garni, elle se déclara satisfaite et se retira (1).

_____

(1) *Arch. municipales. Reg. aux Délib*ons *du Magistrat FF., 4 décembre 1676.*

Le Magistrat était une fois de plus
évincé.

*<br>* *

Le magistrat en fut vivement affecté ;
il ne se découragea pas cependant. Il
résolut de tenter une nouvelle démarche
en cour : le 6 décembre, il adressa en conséquence au Gouverneur général des Pays
Bas une nouvelle lettre de doléances, dans
laquelle nous retrouvons les mêmes protestations de fidélité, mais aussi les mêmes plaintes avec un accent plus prononcé
de tristesse au sujet des exigences des
Maîtres de Camp le comte de Grimberge
et le baron de St Jean et des excès commis par leurs soldats : « Si avant, disaient
« les remontrants, que si son Excellence
« n'est servie d'y faire pourveoir par quel-
« que prompt remède, il sera impossible
« de maintenir plus longtemps les bara-
« ques en bon estat, la malice d'aulcuns
« soldáts ne s'estant pas arrestée à sous-
« traire et faire proufit des fournitures qui
« leur sont données, mais estant passée
« jusques à piller les bancs qui étaient por-
« tés audit quartier pour y estre distribués
« et à rompre les couches, tables et armoi-
« res pour en brusler les planches et mes-
« me à copper les sommiers des chemi-
« nées avec péril de les faire tomber en

« ruine ; de tout quoy la réparation a porté
« à des sommes considérables » (1).

Mais la nouvelle supplique de Messieurs
présentée par leur agent en cour n'eut pas
plus de succès. De Zeur ne put voir qu'un
des secrétaires du Conseil privé et celui-ci ;
pour toute réponse, lui dit :

« N'y a-t-il donc pas à St-Omer gouver-
« neur général et particulier avec des offi-
« ciers majors tant de cavalerie que d'in-
« fanterie pour mettre remède aux désor-
« dres ? Faut-il embarrasser son Excellence
« avec choses semblables ? » (2)

Ce qui, en clair langage, voulait bien
dire, je pense : « Lsissez-nous tranquilles. »

*
* *

Aussi le corps de ville se le tint un moment pour bien dit et pendant près d'un
mois, conformément aux ordres du Prince
de Robecq, on le vit s'occuper sans se
plaindre, à distribuer à ses soldats et à ses
gardiens des tonneaux de poudre et des
mousquets, à se procurer des bois et à réparer la brèche de l'Abbaye, à faire rompre les glaces dans les fossés de la ville, à

---

(1) *Arch. muxic. — Corresp. du Mag.*
*6 décembre 1676.*

(2) *Arch. Munic. — Corresp. du Mag.*
*— Lettre du 15 Décembre 1676.*

veiller à ce qu'un échevin se tînt en permanence à la scelle pendant tout le temps de la gelée, à renforcer la garde de nuit d'une compagnie bourgeoise et à assurer un service ininterrompu de rondes nocturnes sur les remparts, jusqu'à ce que, le 31 décembre 1676, le prince de Robecq annonça la « présence de l'ennemi sur la frontière. » (1)

*<br>* *

La « présence des Français sur la frontière » est le signal d'un « remueménage » dans la ville de Saint-Omer, car des ordres arrivent aussitôt, plus nombreux, plus pressants de jour en jour, prescrivant à « Messieurs les Mayeur et Echevins » d'as' surer par tous les] moyens une bonne défense de la place, et ceux-ci n'ont garde d'y contrevenir par crainte de plus grands maux.

*<br>* *

Dès le 1er janvier 1677, Philippe Dieudonné, le Maître des Canonniers, à la requête des Echevins commis à l'artillerie, visite avec ses compagnons les batteries des remparts et les magasins, s'assure que les roues, les essieux et les moyeux des canons sont en bon état, charge sur des

---

(1) *Ibidem, Reg. aux Déb. du Mag. FF.*

charrettes et décharge « les grandes planches entretenues au refuge de Clairmarais»,
achète « chez les marchands de la ville du
nouveau fer » mené aussitôt au feronnier
Benoist Lejeune à qui l'on a commandé
des affûts. (1) En même temps des munitions sont livrées non seulement aux canonniers, mais encore aux Hautponnais ;
de nouvelles esplanades sont construites
pour les batteries des remparts. Le 7, les
échevins commis aux ouvrages installent
à l' « estangue » (2) de la porte à l'eau du
Brusle le maître charpentier Charles Brusset et « consors » qui d'abord la rompent,
puis la refont. puis, les eaux l'ayant emportée, la rebouchent en la remplissant de
terre. (3) Le 12, les mêmes ouvriers sont
occupés à rompre les glaces en redoublant
les coupures dans les fossés à l'endroit de
de la brèche de St-Bertin et à faire les réparations nécessaires à cette brèche. Pour
cette double besogne « les coupures redou-
blées » ne suffisent pas : il faut que « Char-

----

(1) *Arch. mun. — Comptes des fortifications, « Déclaration de Phil. Dieudonné, 1677 ».*

(2) *Ibid. « Décl*on *de Charles Brusset,
Robert Glachon et consors, 1677. »*

(3) *Arch. munic Comptes des fortifications, Décl*on *de Charles Brusset,
1677.*

les Brusset et consors » ouvrent les digues au bout du batardeau de la Meldicq pour faire renfler les eaux et casser les glaces au fossé du côté de Lyzel qu'ils bouchent ensuite ces digues, puis, qu'ils les rouvrent, tandis que Robert Glachon et consors creusent des fossés pour remettre des palissades là où il en manque à la brêche, car, comme l'avait dit le prince de Robecq, c'était « cet endroit qui seul pendant les gelées obligeait les défenseurs de la place à estre toujours sur leurs gardes, n'y aïant rien à craindre au surplus de la muraille ». (1) Le 28 février, nous retrouvons Charles Brusset et consors employés à faire une seconde dame au devant de la porte à l'eau du Brusle pour fortifier l'autre dame qui crevait, à boucher les batardeaux de la porte Boulesienne et le canal passant sous l'hôpital, à « estancier » au bout du batardeau du Griffon pour tenir les eaux hautes du côté de la porte Ste-Croix, à fermer une saignée faite à la Meldicq, à nettoyer la haie au pied de la muraille de la brêche de la Bleue maison (2) et à réparer la digue du fossé de la ville,

---

(1) *Ibid.*
(2) *Arch. mun. — Comptes des fortifications. Décl*on *des mêmes, en date du 28 février 1677.*

trouée en plusieurs endroits, entre la porte du Haut-Pont et celle de St-Sauveur.

* * *

Mais quelle « déclaration » le prince de Robecq vint faire à « Messieurs du Temps » dans leur assemblée du 7 janvier ?

Qu'il était urgent d'inonder le quartier de la porte du Brusle; qu'à cet effet il convenait de « faire monter les eaux quelques pieds par-dessus le pont et même de condamner au plus tôt la susdite porte » dont le pont devait être transporté à celle de Sainte-Croix : mesures justifiées par « le mauvais bruit » d'une « avance de l'ennemi » et de son dessein d'attaquer sans plus de retard une « place frontière », qui ne pouvait être que Saint-Omer.

Condamner la porte du Brusle !

On voulait donc maintenant « mettre le tiers du peuple de la ville dans une entière désolation ».

Messieurs du Temps en furent atterrés.

L'un d'eux osa dire que « cela tourneroit au préjudice de Sa Majesté » et pour « bonnes raisons » (1).

Le prince de Robecq voulut connaître ces « bonnes raisons ».

_____

(1) *Ibid. — Reg. aux Dél. Ech.*

Le Registre aux délibérations se borne à nous dire qu'elles furent « verbalement déduites » à son Excellence.

Ce silence est regrettable, car on serait curieux de savoir comment le roi d'Espagne pouvait avoir à se repentir d'avoir mis dans une entière désolation « un tiers du peuple de la ville de Saint-Omer ».

Y avait-il dans cette « déclaration » d'un échevin une menace ?

J'avoue que je suis porté à le croire après les mauvais bruits relatés plus haut sur les dispositions d'esprit « d'aucuns du peuple et même d'aucuns du corps de Ville (1).

Quoi qu'il en soit, la mesure prescrite était d'une telle gravité que « Messieurs du Temps » en voulurent laisser la décision à une Assemblée des Deux-Années et Dix jurés pour la Communauté, comme cela se faisait pour toutes les affaires importantes (2).

* *

L'Assemblée du Corps de ville eut lieu le 12 janvier :

On y fut naturellement du même avis que dans celle de Messieurs du Temps, et

---

(1) *Voir plus haut.*
(2) *Arch. mun. — Reg. aux délib. du Mag. FF. 9 janvier 1677.*

une députation composée d'Antoine de la Houssoye, seigneur d'Avault, de Josse du Bois, seigneur de Percheval, et de Mᵉ Guillaume Le François, conseiller principal de la Ville, alla informer le prince de Robecq et le Président Simon de la résolution suivante prise après mûre délibération par le Magistrat :

« Messieurs ne veulent empescher que
« se fasse telle inondation que sera trouvé
« nécessaire pour le service de sa Majesté
« et le bien du public à chaque fois que
« l'occasion le requerra, mais sans condam-
« ner la porte du Brusle ni toucher à la
« rupture et au transfert du pont, ains
« laisser le tout en l'estat qu'il est, encore
« bien qu'il viendroit a estre endommagé
« par l'inondation, pour, lorsque la néces-
« sité cessera, y passer à l'ordinaire, avec
« cette supplication que les seigneurs Prin-
« ce et Président seroient servis de leur
« accorder quelque bois de chesne pour
« appuier et maintenir les parties plus ca-
« duques du pont et le mettre en état de
« tant mieux résister à la violence de l'i-
« nondation.

« Et comme paravant tout il convient de
« réparer la porte de Ste-Croix et d'en fa-
« ciliter les chemins, les seigneurs Prince
« et Président sont priés d'écrire favora-
« blement à Son Excellence le duc de
« Villa Hermosa afin qu'elle soit servie de

« leur accorder cinq à six mille florins
« pour la réparation de cette porte a effet
« d'y passer non-seulement à pied et à
« cheval, mais aussi à chariot, Messieurs
« de la Ville n'y pouvant pourvoir des de-
« niers de l'entremise, n'ayant même pas
« deniers pour subvenir au payement de
« ses dettes, voires des mises inexcusa-
« bles et nécessaires qui requièrent célé-
« rité (1) ».

*
* *

Le Magistrat crut sans doute pour un
moment sa cause gagnée, car, le 14, ses
trois députés vinrent en halle annoncer le
succès de leurs démarches : la porte du
Brusle devait être bouchée seulement pour
le temps que la nécessité et le service de
Sa Majesté le requerraient et une somme
considérable, outre les bois demandés, allait être sollicitée de Son Excellence le
duc de Villa Hermosa pour la réparation
de la porte Ste-Croix. Mais tout était su-
bordonné au bon vouloir du gouverneur
général des Pays-Bas, et, le 18 juillet, le
Président Simon étant venu en halle in-
forma Messieurs du Temps de la résolution suivante de Son Excellence :

---

(1) *Arch. municip. — Reg. aux Dél.
éch. FF.*                                    5

1° On ne pouvait laisser subsister la porte du Bruṣle que si le pont en était rehauṣsé en plusieurs endroits pour faciliter l'écoulement des eaux.

2° Les frais des travaux à effectuer pour cet objet devaient être laissés en partie à la charge des habitants des rues du Brusle, du Filé et autres lieux intéressés à la conservation de la porte.

Et le Magistrat était mis en demeure de prendre au plus tôt une décision après avoir fait « évoquer pardevant lui à la scelle tous et chacuns les habitants intéressés pour les ouïr et entendre et mesmes les induire à contribuer respectivement aux frais nécessaires (1). »

Au moins on n'exécutait pas ici les intéressés sans les ouïr.

Le comte de Coupigny logé alors, on l'a vu, dans le faubourg du Haut-Pont avec sa compagnie, y mettait moins de façon. De sa propre autorité il faisait rompre les digues des pâtures communes pour les inonder sans en avoir seulement avisé Messieurs de la Ville à qui « ce dehvoir » touchait (2).

*
* *

---

(1) *Arch. mun.* — *Reg. aux Délib. éch. FF.* — *18 janvier 1677.*

(2) *Ibid.*

Je raconterais volontiers ici ce qui se passa le 26 janvier à l'hôtel abbatial de St-Bertin dans une assemblée appelée à clore le debat suscité par la candidature de M° François Ogier à l'office de député ordinaire des Villes aux Etats ; mais si intéressante que soit cette question, dont on peut voir tout le détail aux archives de la ville, elle m'éloignerait trop de l'objet principal de cette étude (1).

*
* *

Le même jour, 26 janvier, on traita en halle une question qui entre tout à fait dans mon sujet.

Le corps de ville était au complet.

« Messire Ignace Simon » demanda à être entendu.

Introduit, le Président d'Artois lut à Messieurs une longue liste de prescriptions« au nom et de la part de Sa Majesté. »

Il n'y en avait pas moins de treize.

La dixième était ainsi conçue :

« Si les ennemis en cas de siège vien-
« nent à emporter le fort anx Vaches, il y
« a un retranchement derriére la Robar-

---

(1) *Arch. mun. — Corr. du Mag. —
Instructions aux Députes aux Etats
d'Arlois, 25 janvier.*

« dicq (1) lequel peut encore arrêter les
« ennemis, avec un très bon fossé large
« de soixante pieds qui est à motié démoli
« par les habitants de Lyzel pour leurs jar-
« dinages. Il convient de rétablir cet ou-
« vrage qui est à la charge de ceux de
« Lyzel et du Haut-Pont, et de le faire à
« l'épreuve du canon, comme il a été ci-de-
« vant, contenant en largeur cent trente-
« six verges » (2).

La treizième portait :

« Il y a aussi depuis la porte du Haut-
« Pont jusqu'au fort aux Vaches des ar-
« bres et haies et de petites maisons qui
« font qu'on ne peut rien découvrir à trois
« cents pieds de la ville et qu'il convient
« d'abattre jusqu'à six cents pas » (3).

On voulait donc maintenant mettre
« dans une entière désolation les deux tiers
au moins du peuple des faubourgs ». Ils
étaient déjà si exaspérés, les Hautponnais
et les Lyzelards, par les actes d'autorité
arbitraire du comte de Coupigny, qui venait de provoquer de nouvelles plaintes

---

(1) *En Français Rivière des Rouge-
Gorge.*
(2) *Arch. Mun. — Reg. aux Dél. Ech.
FF. 26 janvier 1677.*
(3) *Ibidem.*

par une nouvelle rupture des digues et l'inondation des pâtures du Westwert (1).

Mais de quel droit, fit un échevin, impose-t-on à ceux des faubours ces nouvelles charges ! Le retranchement de la Robardicq ayant été construit des deniers de Sa Majesté, n'était-il pas juste qu'il fut pourvu par Sa Majesté à sa réparation et à son gazonnement, les gens du faubourg ne pouvant être requis que de fournir le travail de la corvée. Quant à l'abattage des arbres, haies et petites maisons sus-mentionnées, on ne peut sans doute exiger à cet égard aucune décision du Magistrat avant qu'il été fait visite des lieux et que l'on se soit éclairé sur l'importance et sur l'opportunité de la dévastation étendue à six cents pas de la Ville » (2).

L'Assemblée goûta naturellement cet avis et les seigneurs d'Avault et de Percheval furent députés auprès du Président Simon pour lui présenter l'excuse du Haut-Pont et de Lyzel. Son Excellence devait considérer que les Hautponnais et les Lyzelards, dans « l'extrême misère et pauvreté » où ils étaient, ne pouvaient souffrir d'employer leur temps qu'à cultiver

---

(1) *Arch. Mun. — Reg. aux Dél. Echev. FF*.

(2) *Ibid.*

leurs terres maresques, n'ayans la pluspart
que du jour la vie. »

Pour conclusion les députés du Magistrat devaient demander qu'il fût sursis à
ces mesures funestes jusqu'à « la prochaine
rejonction des Etats à qui Messieurs de-
manderoient quelque somme notablement
plus considérable que l'an passé pour subvenir aux frais des ouvrages ci-dessus et
autres nécessaires des fortifications de cette Ville ».

*.*

Le « Seigneur Président d'Artois » reçut les envoyés de Messieurs avec courtoisie ; mais il ne voulut rien accorder ni
sur l'un, ni sur l'autre point, et, comme
ils insistaient, il finit par leur tenir ce langage sévère :

« J'entends, Messieurs, que les Sei-
« gneurs Mayeur et Echevins obligent à
« faire cet ouvrage les Lyzelards et les
« Hautponnais en conformité des ordres de
« sa Majesté, vu qu'ils y ont donné cause
« et afin qu'à l'avenir ils soient plus avi-
« sés à ne rompre semblable retranche-
« ment ». (1)

Et, le 29 janvier, le Magistrat dut rendre
ces deux ordonnances :

---

(1) *Arch. mun. Reg. aux dél. Ech.
FF.*

« Messieurs Mayeur et Eschevins de cette ville en satisfaction des ordres de son Excellence ont ordonné et ordonnent à tous propriétaires et occupans des héritages dans la cingledicq (2) entre la porte du Hautpont et le fort des Vaches d'abattre tous arbres et haies y croissant en dedans quinze jours de la publication de ceste, à peine que, lesdits quinze jours expirés, ils écherront en vingt sols d'amende pour chacun arbre qui seroit trouvé resté.

« Sy ordonne à tous les habitants du Haut-pont, Lyzel et fraîche poissonnerie de réparer tout promptement le retranchement derrière la Robardicq en longueur de cent trente-six verges et largeur compétente pour estre à l'épreuve du canon avec gazonnement à chacun costé, auquel effet mesdits sieurs les feront pourveoir d'un conducteur dudit ouvrage et désigneront le lieu où ils pourront prendre les gazons, le tout à la diligence et participation des échevins commis aux ouvrages.

« Fait en halle le XXIXᵉ de janvier 1677 (1). »

*
* *

----

(2) *En Français fossé* : (dick) *de ceinture* (Cingle).

(1) *Arch. mun. Reg. aux Délib. Ech. FF.*

Ils étaient bien à plaindre en vérité les pauvres habitants du Hautpont, de la Fraîche Poissonnerie et de Lyzel, ayant d'ailleurs à loger et à satisfaire un maître aussi dur, aussi brutal que le comte de Coupigny, dont l'auteur anonyme du manuscrit n° 780 de la bibliothèque de Saint-Omer avait dit en 1670 : « Le comte de Coupigny de la maison d'Ognies, cousin germain du duc d'Hauré par sa grand'mère et Montmorency par sa mère, est présentement âgé de 22 à 23 ans, bien fait de corps, un peu brusque; mais ce feu se peut attribuer au bouillon de jeunesse que l'on pourra corriger. »

Or ce bouillon de jeunesse ne s'était guère calmé en 1677, à en juger par les plaintes présentées au nom des habitants des deux faubourgs par Pierre Verneuilt connétable du Haut-Pont et Jacques de Beigle maître maresquier de Lyzel, à Messieurs du Temps assemblés en halle le 1er février 1677. « Je viens, avait dit le comte de Coupigny, de faire trouer les digues de la pâture du Westwert, et s'il y a quelqu'un assez hardi de les reboucher, je lui ferai donner des coups de fusil (1) ».

* * *

_____

(1) *Arc. mun. — Reg. aux Dél. du Mag. FF.*

Etaient-ils autant à plaindre les pasteurs des six paroisses de St-Omer, à qui l'on vint demander vers le même temps un sacrifice d'un autre genre ? Qu'on en juge.

Les baraques construites pour loger les soldats étant insuffisantes, on avait fait servir à ce logement les maisons des bourgeois.

Mais celles-ci ne pouvaient elles-mêmes héberger toutes les troupes de secours arrivant plus nombreuses de jour en jour.

Pour couper court aux plaintes incessantes des maîtres de camp, le Magistrat résolut de ne plus tenir compte des immunités, réelles ou prétendues, dont se prévalaient certaines personnes pour décliner cette charge onéreuse, et il fut décidé que chacun des six pasteurs fournirait le logement à un officier.

Les pasteurs refusèrent d'obéir à cet ordre, prétextant que cela aurait de grands inconvénients, le presbytère devant être libre de tous hôtes pouvant gêner les rapports des pasteurs avec leurs ouailles.

Le Magistrat prit une autre résolution :

Chacun des pasteurs fut tenu de procurer à un officier « tous les ustensiles nécessaires ».

Nouveau refus des pasteurs.

Il fut décidé alors que chacun d'eux se rachèterait de l'obligation du logement en payant « à chaque mois trois florins et demi aussi longtemps que la conjoncture le requerroit ».

Les pasteurs se soumirent cette fois, mais non sans laisser échapper ce cri de douleur . *Hoc scilicet inglorio facinore magistratus valedixit Hispanis*, qui veut bien dire en Français, si je ne me trompe : « vilaine manière de Messieurs « de la Ville de dire adieu à la douce do- « mination du roi d'Espagne ». Les Mayeur et Echevins de St-Omer étaient-ils donc redevenus Français de cœur aux yeux des pasteurs, avant que Louis XIV eût commencé le siège de leur Ville ? (1)

*
* *

Les Hautponnais avaient dû certaine ment sentir leur zèle pour le roi d'Espagne faiblir à la date où nous sommes arrivés.

Il leur avait été commandé de faire la garde de nuit dans les marais tirant vers Clairmarais et vers Arques.

Or on se rappelait dans nos faubourgs ainsi que dans notre ville certaine mé-saventure des écoliers du collège anglais en promenade de ce côté le 19 juin 1640. Assaillis à l'improviste par un parti

(1) *Bib. de la Ville*. — *msc 828*, f° 16.

de Français, plusieurs d'entre eux avaient été pris et dépouillés. Trois, en voulant traverser à la nage la rivière d'Aa, s'y étaient noyés avec leur régent, « ce qui avait fait, dit le chroniqueur Bertinien (1), que beaucoup de nos Audomarois s'étaient dégoûtés de la promenade. » Mais les Hautponnais étaient armés de piques et de mousquets et ils avaient montré assez souvent qu'ils n'étaient pas hommes à reculer devant les périls, grands ou petits, lorsqu'ils jugeaient être de leur devoir de se défendre.

A l'appel du prince de Robecq ils répondirent cependant « en suppliant d'être ex-
« cusés de cette garde » sous prétexte
« qu'il y avait grand péril pour eux à fai-
« re la garde de nuit alternativement avec
« ceux de Lyzel en certain lieu sur la ri-
« vière, lorsque les Français fortifioint
« Cassel et occupoient plusieurs châteaux
« et églises aux environs, y tenant quan-
« tité de soldats, à dessein vraisemblable-
« ment d'empescher l'entrée des vivres en
« nostre ville et de l'investir tout à
« coup (2) ».

---

(1) *Ibid.* — *Grand Cartulaire de St-Bertin, tome X.*
(2) *Reg. aux délibérations du Magistrat, FF.*

Pour avoir raison de ce « dégoût », qui assurément procédait d'une autre cause que celui des Audomarois en promenade aux environs d'Arques en 1640, il fallut se borner cette fois à demander aux Hautponnais et aux « Islaires » le « debvoir » pour quatre nuits seulement avec promesse encore « qu'ils seroient commandés par « l'un des connétables en personne des « faubourgs (1) », bien que le choix d'un commandant Hautponnais pour la garde de nuit sur la rivière allant à Clairmarais ne fût pas pour plaire au prince de Robecq. On devait ne pas ignorer à l'hôtel du gouverneur des Comté et Pays d'Artois, que, dans une conjoncture semblable en 1656, l'archiduc Léopold, alors gouverneur général des Pays-Bas, avait refusé aux Hautponnais un connétable Hautponnais (2).

Le prince de Robecq craignait-il donc qu'un pareil refus diminuât encore un attachement amoindri déjà des habitants des Faubourgs à la domination Espagnole ?

*
* *

Mais le zèle des bourgeois eux-mêmes pour le service du roi d'Espagne n'avait-il pas faibli également ?

---

(1) *Ibidem.*
(2) *Arch. mun. Correspondance du Magistrat.*

On était au 19 février.

Les Français avançant leurs approches de jour en jour, il fallut pourvoir à bien des nécessités qui exigeaient des sommes considérables.

Le Président Simon et le Magistrat décidèrent que l'on ferait un emprunt parmi les habitants. Aussi bien, avait dit son Excellence le duc de Villa Hermosa dans deux lettres écrites de Bruxelles le 1er février au Magistrat, le 19 au Président (1), sa Majesté connait le zèle et le dévouement de ses fidèles sujets de St-Omer.

Mais à cet appel et à ce compliment comment répondit-on ?

On laissa ou l'on fit courir des bruits alarmants, faisant croire que les Français arrivaient avec des engins de guerre d'un effet terrible. Ils devaient faire pleuvoir sur la ville des boulets rouges capables d'en faire un monceau de cendres en peu d'heures ! « Et que deviendraient dans ce « cas les sommes avancées à intérêt et en « cours de rentes ou en pensions viagè- « res ? » Et malgré la promesse faite par le gouverneur des Pays-Bas d'indemniser (2) « tous ceux qui viendroient à souf-

---

(1) *Arch. mun. — Corresp⁰ du Magistrat.*

(2) *Dans la langue Wallonne on disait* indemner.

« frir dommages dans leurs maisons par
« quelques boulets rouges ou aultres feux
« artificiels » et de faire « payer annuel-
« lement par le receveur des droits d'en -
« trée et de sortie les sommes levées pour
« le service de Sa Majesté au cas où, con-
« tre toute attente, les ennemis vinssent
« à prendre et occuper la ville de Saint-
« Omer », il ne fallut pas moins qu'un ordre formel du roi d'Espagne pour vaincre
les hésitations. Encore Son Excellence dut-
elle promettre des « libéralités et des ré-
« compenses proportionnées au zèle de
« tous ceux qui s'y seroient signalés.

* * *

Les Français arrivaient en effet, témoi-
gnant bien, comme le Président des Etats
vint le dire au Magistrat, « vouloir attenter
« sur cette ville par l'occupation des pos-
« tes aux environs de Saint-Omer pour
« ôter toute communication et correspon-
« dance » avec les villes environnantes (1).

Le 4 mars, ils vinrent camper sur les
hauteurs d'Arques, et, le 6, l'Assemblée
« de Messieurs du Temps » venait de
préposer à la direction des ouvrages le
prêtre Jacques de Balinghem, lorsqu'on

---

(1) *Arc. Mun. — Reg. aux Dél. Ech.
FF. 19 février 1677.*

lui annonça que les Français avaient pris
la veille à quatre heures du matin le château d'Arques défendu par soixante-dix
soldats de la garnison de Saint-Omer sous
le commandement du capitaine Blareau (1).

---

(1) *Arch. mun. — Reg. aux Dél. du
Mag. — Bibliothèque de la ville, msc.
828. — Grand cartulaire de St-Bertin,
tome X.*

*M. Pagart d'Hermansart, dans son
histoire du siège de St-Omer, a dit que
le château d'Arques tomba aux mains
des Français le 4 Mars, mais c'est là*

une petite erreur, que je ne relèverais pas, si elle n'avait été répétée, d'autant qu'elle provient d'une mauvaise tenue du Registre aux délibérations du Magistrat, consulté par cet historien.

En effet, ce registre donne partout les dates des délibérations au dessus de celles-ci et au milieu de la page. Or c'est au dessous de la note du 5 Avril qu'il est dit que le château d'Arques a été pris la veille à 4 h. du matin ; mais, par exception, le greffier de l'échevinage a porté au-dessous de cette dernière note une délibération du 6 Avril fixant au 5 la prise de ce château.

# TROISIÈME PARTIE

La prise du château d'Arques par les Français ne fut pas la seule grave nouvelle reçue par Messieurs du Temps le 6 mars 1677. Il leur fut annoncé en même temps que l'ennemi établi sur la rivière d'Aa, entre St-Momelin et le faubourg du Haut Pont, menaçait le fort du Zest, la principale défense avancée du faubourg.

Le péril grandissait donc d'une manière inquiétante.

Aussi de nouvelles mesures furent prises en toute hâte par le prince de Robecq et, sur son ordre, par le Magistrat.

\* \*

Les Français étaient à Arques :

Le procureur de ville eut à conduire à Son Excellence tous les paysans, notamment ceux d'Arques, qui entreraient dans la ville par la porte du Brusle (1).

Les Français étaient en deçà du bac de St-Momelin :

Douze crochets furent tirés par le « gouverneur général de la province d'Artois » des magasins de la ville pour être employés à la défense des « postes avanchés dans la présente conjoncture de temps où les ennemis paraissoient aux environs d'iceux (2) ».

Les Français étaient près de nos remparts : Il fut résolu que les compagnies bourgeoises ordinaires, qui montaient journellement la garde sur les remparts, seraient renforcées de deux autres compagnies pour permettre aux soldats du Comte de Saint-Venant d'aller occuper les postes extérieurs ; et, pour mettre en lieux sûrs les poudres, on les transporta des magasins établis sur les remparts dans les caves des maisons du Pignon de Dieu, du sieur Gonzalès, du sieur de Bavinchove, des Apôtres, de l'Evêché, du Refuge des Pères Anglais de Wattène, dans les cloîtres de l'abbaye de St-Bertin et sous la voûte du dortoir des Pères Carmes (3).

---

(1) *Arch. mun. Reg. aux dél. du Mag.*
(2) *Ibidem.*
(3) *Ibid.*

Mais, comme les côtés les plus menacés étaient les fronts Sud et Sud-Est, l'ennemi s'étant emparé le 8 mars sur les cinq heures de l'après-midi de la redoutedu Zest (1) et s'apprêtant à attaquer les ouvrages de la Madeleine, (2) l'attention du Prince de Robecq et celle du Magistrat se portèrent particulièrement vers les faubourgs et vers la brêche de St-Bertin.

Pour la défense des faubourgs, les échevins commis à l'artillerie furent autorisés à donner aux connétables du Haut-Pont, de Lyzel et de la Fraiche Poissonnerie un tonneau de poudre, deux crochets et quatre mandelettes de balles (3).

Pour la défense de la brêche, il fut fait commandement aux maîtres charpentiers qui travaillaient depuis quelques jours à la réparation des palissades, de hâter leur travail, et, afin de stimuler leur zèle, on leur accorda *de mercede,* c'est-à-dire en prime « trente florins à prendre sur l'en-« tremise des fortifications en sus du sa-« laire convenu pour cet ouvrage » (4).

\*
\* \*

---

(1) *Bibliothèque de la ville; msc. 828.*
(2) *Arch. mun. Reg. aux dél. du Mag.*
(3) *Ibid.*
(4) *Ibid.* 6

Le prince de Robecq n'avait qu'à se
louer, comme on le voit, en cette « conjoncture de temps », de l'exactitude du
Magistrat à exécuter ses ordres.

Celui-ci, en retour, avait-il lieu de se féliciter des procédés des gens du roi ?

Qu'on en juge par ces deux faits que
nous rapporte le registre des délibérations
échevinales :

*
* *

Le 8 mars, tandis que Messieurs du
Temps prenaient la résolution qu'on vient
de lire et dont le prince de Robecq devait
être satisfait, ils apprirent que des soldats
de la garnison menaçaient de piller le marché et jusqu'aux boutiques des marchands.

On envoya porter plainte à Son Excellence.

Le pillage n'eut pas lieu, mais l'insolen-
ce des soldats fut-elle punie ?

La chronique échevinale, qui n'eût pas
sans doute omis de nous le dire, se tait là-
dessus.

*
* *

Le 10 mars, le Magistrat avait chargé le
greffier du crime, receveur de l'impôt de
18 sols au sac de brays, Eustache Hanon, de procurer le logement des officiers
ou d'en payer sur ordonnance le rachat.

Le capitaine Liderman, du terce du baron de St-Jean, n'ignorait pas cette « pro-

vision ». Il n'en voulut pas moins être payé de son logement sans s'être muni d'avance de l'autorisation de Messieurs.

Comme le greffier du crime s'y refusait, invoquant les réglements, il s'emporta jusqu'à le menacer, s'il n'obtempérait à son injonction.

— J'en ferai rapport, dit Eustache Hanon, qui aussitôt s'achemina vers la halle, où le magistrat tenait en ce moment même une assemblée.

Mais avant qu'il eût fait rapport de ce qui venait de se passer, le capitaine, qui l'avait suivi, entra en halle à son tour et, comme on lui faisait observer que cette manière d'agir était tout à fait contraire aux usages, il éclata en jurons, en injures, en menaces contre les échevins eux-mêmes, et sortit en criant qu'il se f.... des Echevins et de leur rachat.

On députa aussitôt Sire Josse du Bois et André Loman au Prince de Robecq, pour l'informer des outrages du capitaine. Le conseiller second de la ville et le greffier Hanon eurent ordre de se joindre à eux.

Mais Liderman, sans cesser ses injures et ses menaces, suivit les députés de la ville jusques chez le Gouverneur, où, se retrouvant avec eux dans le vertibule, il déclara qu'il verrait avant eux son Excellence et les injuria toujours.

Attiré par le bruit de la querelle, le Gouverneur sortit de sa chambre.

— Qu'y a-t-il, Messieurs ? demanda le Prince de Robecq.

— Il y a, dit le capitaine Liderman, que Messieurs de la ville me refusent le rachat de mon logement.

Les envoyés du Magistrat n'eurent pas de peine à convaincre son Excellence que les griefs de l'officier n'étaient pas justifiés, tandis qu'au contraire Messieurs de la ville n'avaient que trop sujet de se plaindre de ses procédés.

Le prince de Robecq mit le capitaine aux arrêts et promit de faire bonne justice de ses insolences.

Mais le baron de St-Jean intervint pour son subalterne et le magistrat dut se contenter d'une légère amende honorable faite chez le Prince de Robecq le 17 du mois de Mai et de la promesse de l'officier qu'à l'avenir « il se garderoit de tomber en pareille faute ».

\* \*
\* \*

Cependant il importait au service de sa Majesté, dans la « présente conjoncture de temps », que satisfaction fût donnée aux justes réclamations du corps de ville et des habitants, car l'ennemi faisait des progrès rapides dans ses approches autour de la ville.

Le 9 mars, les Français, qui la veille avaient pris la redoute du fortin du Zest, enlevèrent le fortin lui-même. (1)

Le 13, ils s'emparèrent de la Madeleine, dont ils brûlèrent les moulins en avant de la porte du Brusle (2).

Dans les mémoires historiques faisant suite aux neuf premiers volumes du Grand Cartulaire de St-Bertin, Charles de Whitte nous dit que, dès le 14 mars, la ville de St-Omer se trouva bloquée de tous côtés, ce que confirme la chronique du manuscrit 828, où il est dit que, vers cette date (3), le Synode des curés autorisa « l'usage des œufs et de la viande tous « les jours de la semaine, bien que l'on fût « en temps de carême, vu l'impossibilité « d'introduire des vivres dans la ville com- « plètement bloquée par les Français ». Mais Charles de Whitte, eût bien pu dire que la ville de St-Omer était alors, non plus seulement bloquée, mais attaquée, car voici ce que nous apprend le registre aux délibérations du Magistrat :

*
* *

Le 13 mars, il fut résolu qu'on ferait

---

(1) *Bib. de la ville, msc. 828.*
(2) *Ibid.*
(3) *Bib. de la ville. — Msc 828, page 167.*

boucher les échaux par où les eaux des
rivières se perdaient dans la ville ; qu'on
travaillerait incessamment à achever les
palissades des deux brèches de St-Bertin ;
que l'on continuerait les travaux de la demi-lune du Haut-Pont en la coupant en
talus par dehors ; qu'on réparerait celle de
la porte du Brusle, aussitôt que les eaux
le permettraient ; que l'on presserait l'a-
chèvement de la nouvelle batterie cons-
truite derrière le couvent des Ursulines
par les Pères Dominicains et les compagnies de St-Bertin bas et de Ste-Croix ;
qu'on mettrait les autres batteries et leurs
esplanades en état complet de défense ;
qu'on prendrait les mêmes soins pour les
affûts de canons, et qu'enfin l'entrepreneur
de l'ouvrage dit Francoise-Wert de la Robardicq ferait les « devoirs » nécessaires
pour obtenir de son Excellence non plus
seulement « cinq à six hommes, mais vingt
pris par elle à corvées (1). »

Le 19, les habitants tant des faubourgs
que de la ville furent prévenus par leurs connétables qu'ils n'eussent à se dessaisir,
pour quelque motif que ce fût, de leurs
foins, de leurs avoines et de leurs fourrages, tandis que, de leur côté, les compa-

---

(1) *Arch. mun. — Reg. aux Dél. du
Magistrat.*

gnies bourgeoises iraient travailler à la réparation du parapet, laissant tous autres ouvrages à la charge des religieux et des étudiants.

Le 20, résolution qui rappelle les cérémonies expiatoires prescrites par le Sénat Romain chaque fois que la Ville Eternelle était menacée d'une attaque des Gaulois : Il fut décidé que « le 22 du présent mois « une messe solennelle avec musique seroit « chantée dans la chapelle de Notre-Dame- « des-Miracles, située sur le grand marché, « avec présentation d'un cierge du poids « de dix livres par le Magistrat assistant « à la dite messe en robe (1). »

Le 23, quel coup hardi avaient donc médité Messieurs du Temps ? Ce jour-là l'argentier reçut l'ordre de mettre ès mains du Mayeur « une somme de trente six florins à « être employés par lui ès affaires se- « crètes pour le grand bien de la ville ». Se trouvait-on à la veille d'un attentat à la Mucius Scævola ? Il faut croire au moins que la situation paraissait grave à Messieurs, car en même temps qu'ils prenaient cette dernière résolution, ils décidaient qu'il y aurait d'ores en avant tous les jours et deux fois par jour, le matin de 10 h. à 11 h., l'après-midi de 6 h. à 7 h. une as-

---

(1) *Arch. mun. Reg. aux dél. du Mag.*

semblée générale de Messieurs des Deux années et Dix jurés, et ce « puisque ceste ville se trouvoit menachée d'un siège par les ennemis François ».

*<br>* *

Aussi dans la ville quelle activité ! Quel mouvement !

Tandis que l'échevin André Loman surveille la réparation des parapets, et s'assure que les herses des ponts sont en bon état, ses confrères en Loy vaquent à d'autres besognes en toute diligence. Sur les remparts le sieur de Manicourt dirige le travail des religieux et des étudiants (1). Dans le faubourg du Haut-Pont, Pierre Delattre et Jean Hendricq « baraquent les soldats du Comte de Coupigny dans la batterie avancée », avec le bois qu'ils se sont fait livrer par Eustache Verbreughe et font couvrir le corps de garde de paillotis par le charpentier Jacques de Repper (2). Ils envoient ensuite le maçon Wallerand Fossé et ses « consors » réparer les batteries de la porte Boulisienne (3) et courent eux-mêmes prendre dans la cour de l'Hôtel de

_____

(1) *Arch. Mun Reg. aux dél. du Mag.*
(2) *Ibidem.*
(3) *Ibid.*

ville deux pièces d'artillerie qu'ils remettent à des envoyés du Prince de Robecq sur un récépissé de Son Excellence pour être garnies d'affuts par Benoist Lejeune, le maître feronnier de la rue du Brusle, puis placées par les canonniers de la ville dans les quartiers les plus exposés des faubourgs (1).

Dieudonné, connétable de ceux-ci, le « serviteur de l'artillerie », comme l'appelle un document officiel, ne peut plus suffire seul à tant de besogne ; il lui est adjoint un aide, M⁰ Nicolas Reant, qui, nous dit le registre aux délibérations échevinales, consent à se passer de gages. Il n'était pas du parti français, ce canonnier audomarois. On pense bien que la brêche de St-Bertin, le point le plus vulnérable, n'est pas négligée.

Dans la seule journée du 20 mars, Jaspar Le Cigne, qui a l'entremise des réparations à y faire, n'y emploie pas moins de quatre « chartons » en faisant un cinquième lui-même et n'y amène pas moins de vingt-trois charretées de bois (2). Cependant, pour faire face aux nécessités sans nombre de la défense, les échevins Sire

---

(1) *Arch. mun. Comptes des fortifications.*

(2) *Ibid.*

Philippe Joires et sire Philippe Marcotte
tiénnent constamment ouverts les magasins des portes St-Sauveur et du Haut-
Pont, et, pour n'être pris au dépourvu en
aucune chose, les connétables visitent toutes les maisons, toutes les granges tant des
faubourgs que de la ville, prenant note de
la quantité de paille, de foin, de roseaux.
de « rusquembois » et de planchons qu'elles contiennent (1).

⁂

Naturellement l'argentier de la ville,
qui doit payer tout ce monde d'entrepre-
neurs et de travailleurs, ne chôme pas davantage. Les mandats sur sa caisse pleu-
vent drus comme grêle ; les créanciers af-
fluent. Sa chambre en regorge. Il est sur
les dents.

A peine a-t-il payé à Mᵉ Wallerand Fossé soixante-douze florins, à « tantmoings des
sommes à lui payer pour vins », qu'il lui en
faut compter cent, plus quarante-huit sols,
à Mᵘ Jacques de Repper. Puis c'est maître
Eustache Verbreughe qui vient toucher le
prix de ses « pailliages » ; c'est Mᵉ Benoît
Lejeune qui présente tout un cahier de li-
vraisons de ferrailles pour canons et cou-
leuvrines, savoir :

---

(1) *Arch. munic. — Regist. aux dé-*
*lib. FF.*

« 2 happes pour deux rœulz ;

« 8 crêtes pour quatre rœulz ;

« 4 valles et chevilles pour deux affûts,
« pesant 78 livres ;

« 6 razoirs ;

« 400 livres de fer pour deux nouveaux
« affûts ;

« 550 clous à un liard ;

« 8 flottes ;

Etc., etc., etc. »

Prix total : 228 florins 11 sols (1).

Mais le trésor de la ville n'était pas iné-
puisable, celui des Etats non plus, et, pour
remédier à la « courtresse » qui ne tarda
pas à se révéler, deux escarwettes s'en vont
publier, après un son de tambour, aux carrefours des principales rues, qu'il va être
levé exceptionnellement un double guet
sur tous les bourgeois privilégiés et non
privilégiés, les chanoines et les vicaires
seuls exceptés, avec cette restriction toutefois que les sommes ainsi perçues seront
considérées comme prêts faits à la ville et
au roi (2)

\*
\* \*

Il paraît que le conseil de guerre dans
une assemblée du 24 mars, jugea que tou-

---

(1) *Arch. Mun. Comptes des Fortifications.*

(2) *Arch. Mun. Reg. aux Dél. FF.*

tes ces mesures étaient encore insuffisantes, puisque ce jour là il prit les huit ar-
rêtés suivants à la charge du Magistrat.

### I

Chaque terce sera baraqué dans le pos-
te qui lui aura été assigné.

### II

Il sera pourvu à la fourniture de la paille réclamée par les soldats pour empêcher
que ceux-ci n'enlèvent aux maisons leurs
toits de chaume.

### III

Il sera fourni aux soldats baraqués au
dehors des vivres qui leur seront portés
pour qu'ils ne rentrent pas dans la ville.

### IV

Il sera fait visite de tous les postes par
l'ingénieur, qui prendra soin d'une part que
des communications soient ménagées entre
la ville et les demi-lunes, d'autre part que
des barques munies de leurs agrès station-
nent en permanence dans les fossés.

### V

Il sera fait choix pour la distribution des
poudres et autres munitions de guerre de
personnes sûres prises parmi les officiers
réformés, ou parmi les bourgeois, ou bien
dans les cloîtres, dont les supérieurs dési-

gneront deux ou trois de leurs religieux pour remplir cet office.

## VI

Il sera enjoint au grand maître du métier des charpentiers, charrons et scieurs d'envoyer incessamment ses gens couper les arbres de la Meere et de Lyzel d'abord, puis ceux des cimetières et des jardins de la ville, qui seront amenés le plus promptement possible à la brèche de St-Bertin pour la construction des nouvelles palissades.

## VII

Il sera commandé aux brouetteurs et aux charretiers de se tenir constamment à la disposition des commis aux ouvrages pour transporter les poudres aux endroits désignés par son Excellence et par le Comte de Saint-Venant; et les magasins du roi et ceux de la ville seront communs pour que les échevins commis à l'artillerie puissent délivrer sur le champ les crochets et les armes de la ville à tous ceux qui viendront les demander de la part du Prince de Robecq (1).

## VIII

Enfin il sera pris par le Magistrat les mesures nécessaires pour que les gardes

---

(1) *Arch. Mun. Reg. aux Dél. du Mag.*

des portes et particulièrement de celles du Brusle, Sainte-Croix et Saint-Sauveur soient renforcées chacune d'au moins cent hommes tant pour le service de la nuit que pour celui du jour.

*
* *

Sans doute le prince de Robecq jugea que de toutes ces mesures la plus urgente était la réparation des palissades de la demi-lune des planches derrière l'abbaye de St-Bertin, car le soir même du 24 mars sans attendre la note complète de toutes ces provisions, il envoya au Magistrat celle-ci écrite entièrement et signée de sa main :

« Monsieur le baron de Clarques est prié
« ensuit (sic) de la résolution de Messieurs
« du Magistrat d'envoyer demain matin
« tous les broutteurs de la place pour mes-
« ner les poudres aux lieus destinées (sic)
« et les chartons qui charient sur la place
« pour mesner les palissades à la demi-
« lune des Planches.

« Fait à St-Omer le 24 de mars 1677.

« Le Prince DE ROBECQ » (2)

*
* *

On a dit bien souvent que non-seulement la population officielle de l'Artois,

---

(2) *Ibid. Corresp. du Magistrat.*

mais le peuple lui-même était fortement attaché à la domination espagnole.

Voyons si les faits vinrent justifier cette assertion dans « la conjonture de temps » présente.

Le 23 mars, nous dit une délibération de l'Assemblée des Deux-Années, « nonobstant « les ordonnances décrétées pour la répa- « ration des ouvrages aux remparts et « ailleurs, plusieurs négligeoient de s'ac- « quitter de ces devoirs malgré la menace « d'une forte amende contre les défail- « lants ».

Le 26 mars, nous dit une autre délibéra- tion du Magistrat, les Pères Dominicains refusèrent de désigner trois de leurs reli- gieux pour faire la distribution des pou- dres. Pour vaincre leur obstination, il fallut leur signifier qu'il leur serait inter- dit de faire la quête du pain dans la ville, s'ils persistaient dans leur refus.

Le péril grandissait d'heure en heure, sans doute, mais lorsqu'on est bien dévoué à une cause, plus celle-ci court de risques, plus on se sent de courage pour la défen- dre. Or, à la date du 23 mars, on enten- dait dire par toute la ville que les Français allaient ouvrir leur feu, sinon encore sur la place, du moins sur les forts qui en dé- fendaient l'approche.

*
* *

Pour relever le courage et le dévouement du peuple, le 27 mars on fit chanter dans les églises de St-Omer et de St-Bertin une messe solennelle avec présent d'une chandelle de dix livres. Le magistrat y assista en robe ainsi que l'intendant, le Grand Bailli et le Gouverneur général de l'Artois. Sans doute des prédicateurs exhortèrent dans des sermons plus ou moins éloquents les assistants à faire leur devoir, leur promettant le secours puissant des deux saints fondateurs et protecteurs de la cité.

Mais dans la nuit du 27 au 28 l'ennemi ouvrit le feu sur la redoute de Nieurlet, qui se rendit après avoir essuyé « dix à quinze coups de canon », et, le 29, il fut fait rapport à Messieurs assemblés en halle « que la redoute sur le grand large de So-« bruich, commandée par deux capitaines « avec environ cinquante hommes avoient « été obligés de l'abandonner sur les six « heures du soir après deux cents coups de « canon et plus tirés par les ennemis (1) ; » et l'effet produit par la nouvelle de ces deux succès des Français fut désastreux pour les partisans de l'Espagne ; car si aucuns du peuple ne virent dans ces revers que le signe d'une colère momentanée du ciel,

(1) *Arch. Mun.* — *Reg. aux Dél. du Mag. FF.*

attribuant, comme autrefois le bon Hendricq, à leurs péchés cette infortune, la
plupart y virent un symptôme plus sinis-
tre et ne s'en montrèrent que moins
prompts à faire leur devoir. Les canonniers de la ville eux-mêmes, qui avaient
« juré de se trouver à toutes alarmes tant
de nuit que de jour en tel lieu qui serait
commandé de la part de Messieurs ou des
échevins commis à l'artillerie, même servir en ladite qualité hors de la ville, si
Messieurs du Magistrat le leur ordonnoient
ou si le service de Sa Majesté le requéroit »,
et qui, en toutes circonstances, s'étaient
montrés fidèles à leur serment, durent cette fois être stimulés par une prime de 24 florins payée le 30 mars à chacun de leurs
deux connétables pour être distribuée entre eux quatorze, car une pièce des comptes des fortifications nous apprend qu'ils
n'étaient qu'à ce nombre. Aussi, grande
fut la tristesse du Magistrat et des gens
du roi qui, le 31 mars, prirent cette lugu-
bre résolution :

« Attendu le présent temps du siège de
« cette ville, a été résolu que l'on ne son-
« nera plus pendant le jour ès églises tant
« paroissiales qu'autres ni pour les com-
« plies et matines ès couvents, soit pour
« deuil ni autrement, sinon que l'on pour-
« ra sonner une petite cloche pour la
« messe. »

7

*
* *

De fait ce qui se passait alors dans la ville et que nous révèle une instruction en 15 points du Prince de Robecq adressée au Magistrat, n'étaɪt pas bien rassurant pour les officiers du roɪ d'Espagne.

Les parapets des remparts avaient été mis en état de défense :

Et une ɪoule de gens allaient s'y promener et gâtaient les ouvrages finis ou commencés.

Les canonniers se tenaient eɪɪ permanence à leurs batteries :

Et nombre de curieux les incommodaient dans leur besogne, donnant même, chose plus grave, le signal aɪɪx assiégeants en se retirant quand on mettait le feu aux canons.

Les bourgeois avaieɪɪt la garde des portes de la ville :

Et beaucoup d'entr'eux ne se faisaient pas faute de qɪɪitter leurs postes « sous prétexte d'aller ouïr la messe ou d'aller dîner ».

Les ennemis étaient campés presque aux portes de la ville :

Et l'on avait avis que des bourgeois allaient et venaient de la ville à leur camp et de leur camp à la ville.

La brêche de St-Bertin avait été une première fois palissadée:

Et la palissade était sans cesse à re-
faire ou à réparer, les soldats des compagnies bourgeoises qui y étaient de garde,
en arrachant eux-mêmes les planches
comme à plaisir pour se chauffer.

D'autres ouvrages également impor-
tants pour la sûreté de la place, récla-
maient des travailleurs : « Et l'on voyoit
« nombre de valets de bouche et de vaga-
« bonds se promenant tout le jour sans
« rien faire et sans armes, lorsqu'il étoit
« si aisé au magistrat de les contraindre
« aux ouvrages de la défense ou de les enrô-
« ler dans une compagnie spéciale moyen-
« nant salaire, ou, en cas de refus de leur
« part, de les chasser de la ville comme
« bouches inutiles dans un siège » (1).

*
* *

Du reste quel si grand cas pouvait faire
le Prince de Robecq de ce désir que témoi-
gnait le corps de ville lui-même de se maintenir sous la douce domination du roi d'Espagne ?

Le 25 mars, au lendemain du jour où
le conseil de guerre avait pris les dispositions énumérées plus haut, l'échevinage avait demandé l'admission dans ce

---

(1) *Arch. Mun. — Reg. aux Dél. du
Mag. FF.*

conseil à côté du baron de Clarques, mayeur de l'an et un des ardents partisans du roi d'Espagne, du baron de Berneville, mayeur de l'«an passé», dont les sentiments politiques étaient quelque peu différents de ceux de son successeur.

Le premier avril, il donna au gouverneur de l'Artois un autre sujet de défiance.

*
* *

Son Excellence avait prescrit l'établissement d'une barrière sur le pavé au dehors de la porte du Brusle.

L'ouvrage terminé, elle prétendit en confier la clef à un officier du roi.

Messieurs du Temps, informés de cette prétention, tinrent aussitôt, une assemblée à la scelle et prirent cette résolution significative :

« A été résolu que Sire Desannois, éche-
« vin commis à l'ouverture de la porte du
« Brusle, seroit envoyé vers le prince de
« Robecq pour informer Son Excellence
« que si la clef de cette barrière n'était dé-
« livrée au portier de Messieurs, il avoit
« ordre de fermer cette porte (1) ».

Or si Messieurs avaient eu tant à cœur

---

(1) *Arch. mun. — Reg. aux Dél. du Mag. FF.*

de ne pas laisser les Français entrer dans leur ville, auraient-ils vu un inconvénient à laisser la clef d'une de leurs avant-portes à un officier du roi ? Ils n'avaient pas à craindre une trahison du Prince de Robecq ou de ses soldats, tandis que celui-ci pouvait en appréhender une du corps de ville, dans lequel, on l'a vu, le parti français, comptait des adhérents.

La suite de cette histoire fera mieux voir, du reste, si les historiens espagnols et ceux qui les ont copiés ont eu raison de nous représenter les bourgeois de Saint-Omer de 1677 plus résolus que le gouverneur de leur ville et que la garnison elle-même à rester soumis à la domination espagnole.

Défions-nous des préjugés historiques dans les cas pareils à ceux-ci. La Fontaine a fait dire à son lion voyant un de ses semblables terrassé par un chasseur : « Si le lion savait peindre ! » Disons, nous, lorsqu'on taxe nos pères de sentiments anti-français : « Si le peuple de St-Omer avait pu faire son histoire ! » Et faisons la pour lui.

## QUATRIÈME PARTIE

---

## Du 2 au 20 Avril 1677

---

Il était devenu évident pour tout le
monde au 2 avril 1677 que les Français
ne tarderaient pas à commencer l'attaque ;
et, en effet, Charles de Whitte, dans son
tome X du grand cartulaire de St-Bertin
nous dit que ce jour-là « le duc d'Orléans
reçut des renforts avec ordre d'ouvrir la
tranchée. » Aussi lisons-nous dans les registres capitulaires de Notre-Dame que ce
même jour le clergé des six paroisses fit
une procession générale à travers la ville
avec l'image de Notre-Dame-des-Miracles
et les chefs de St-Omer et de St-Bertin. On
jugeait que ce n'était plus trop, pour assurer la défense de la ville, du secours de
tous ses patrons.

Aussi bien de compter pour cette sûreté
sur le corps de ville et sur le peuple, chan-
son, comme eût dit le renard prudent de
Fénelon.

Lisons toujours :

*
* *

*Die quartâ Aprilis*, nous dit le secrétaire des synodes pastoraux de St-Omer
dans son registre manuscrit n° 828, *Galli
castrametati sunt in loco dicto le Ma-
lin Brulé. Incipiunt oppugnare hanc
civitatem ;* c'est-à-dire : « Le 4 avril, les
Français allèrent camper dans le lieu dit
le Moulin Brûlé et commencèrent aussitôt
l'attaque de la ville », en « ouvrant la
tranchée », selon la version de Charles de
Whitte (1). La place était donc menacée
maintenant, non-seulement du côté d'Arques et de Blendecques, où le duc d'Orléans
avait établi son quartier général, mais encore du côté de St-Martin-au-Laërt d'où
les assiégeants pouvaient tenter une irrup-
tion dans la ville par la porte Neuve et
l'ancienne porte Boulisienne. De là cette
note envoyée par le Prince de Robecq au
Magistrat le 4 Avril 1677.

« Messieurs du Magistrat sont re-
« quis de laisser cette nuit le guichet de la
« porte Neuve ouvert sur l'avis que nous
« avons que les ennemys ont fait avancer
« Cavaillerie et Infanterie avec quantité

_____

(1) *Bib. de la ville. Tome X du Grand
Cartulaire de St-Bertin.*

« de faschines vers Tatinghem ; et mes-
« mes qu'ils veuillent laisser un Eschevin
« et commis à la dite porte pour ouvrir la
« Porte à la première alarme.

« Faict à St-Omer, 4 Avril 1677 ».

*
* *

C'était donc le moment plus que jamais
pour Messieurs de la ville et pour le peuple d'affirmer une ferme résolution, s'ils
en avaient une telle, de se maintenir sous
la douce domination du roi d'Espagne en
résistant vaillamment à « l'ennemi Français ».

Or, que nous apprennent encore les documents de nos archives ?

« Messieurs du Magistrat sont avertis,
« lisons-nous dans une note autographe de
« son Excellence le Prince de Robecq en
« date du 5 avril, qu'il n'y a personne de
« leurs gens qui travaille à la demy-lune
« de Ste-Croix, qui pourtant doibt être mise
« en estat, puisqu'elle est gardée par les
« bourgeois.

« Faict à St-Omer le 5 avril 1677. »

« Le Prince DE ROBECQ » (1).

« Messieurs, nous dit une autre note,

---

(1) *Arch. mun. — Corresp. du Mag.*
*Année 1677.*

« également autographe et signé du même
« prince, écrite le 6 avril pour le Magis-
« trat toujours, je puis vous assurer com-
« me vostre amys et vostre serviteur qu'il
« est peu honorable pour vous autres qu'a-
« près tant d'instances que j'ay fait d'avoir
« de la paille pour couvrir dans ce miséra-
« ble temps nos soldats quy sont dehors et
« dont les armes sont hors de service pour
« n'estre pas à couvert de la pluye, je n'ai
« peu obtenir encore une chose de si petite
« conséquence et que mesme nous voulons
« bien payer, si l'on ne peut l'obtenir au-
« trement, vous prians aussy de donner
« les ordres stricts et nécessaires pour ce
« que les batteries puissent agir plus utile-
« ment qu'elles n'ont fait jusques à présent
« faute de gens et qu'elles ne sont point en
« état.

« S'il vous manque quelque moyen
« pour cela, je vous offre de vous secourir
« de l'argent que je peu avoir icy, debvant
« redoubler vos courages sur un nouvel
« avis que j'ay reçu que nostre secours
« nous est voisin et que j'espère nous ver-
« rons entrer en tout peu de temps. Je
« suis, Messieurs, vostre très affectueux
« serviteur.

Le Prince de Robecq » (1).

---

(1) *Arch. mun.* — *Corresp. du Mag.* —
*Année 1677.*

Ah ! si le parti Français de notre ville avait eu alors son Hendricq ! Celui-ci nous eût à coup sûr expliqué cette négligence de nos bourgeois de 1677, et ce « mauvais vouloir » de leur Magistrat par des raisons fort différentes de celles que les historiens du parti Espagnol voudraient nous faire accepter.

*<br>* *

Mais revenons aux faits.

Dès le 6 avril, les Français ouvrirent le feu non plus sur nos redoutes et nos fortins éloignés, mais sur la ville elle-même, ce que le registre aux délibérations du Magistrat rapporte ainsi :

« Le VI⁰ d'avril 1677, la batterie des ennemys du côté de l'Arbre de Notre-Dame au Laërt a commencé à tirer sur la ville vers les dix heures de l'avant-midi, comme aussi celle établie au « Moulin Brûlé. »

Sans doute les premiers boulets français furent lancés sur la halle échevinale ; car ce jour-là le Magistrat alla tenir son assemblée dans la maison de l'échevin Van Rode, où, entre autres résolutions, il prit celle d'envoyer le greffier du crime, Eustache Hanon, demander à Messieurs de St-Bertin la permission de siéger jusqu'à nouvel ordre dans la « Chambre des villes » de leur abbaye (1).

Mais au feu de ces deux batteries se joignit bientôt celui d'une troisième : « Le « VII<sup>e</sup> des dits mois et an, nou» dit le mê- « me registre, sur les cinq heures du ma- « tin, l'ennemy at tiré incessamment avec « trois pièces de canon de la digue en deca « d'Arques sur le fort aux Vaches », de sorte que, oulre la porte Neuve et la porte Boulisienne, un autre endroit encore de nos remparts allait être sérieusement me- nacé, si le fort aux Vaches tombait au pou- voir des Français, à savoir : « la brêche de St-Bertin », le point le plus vulnèrable de la défense, comme il a été dit plus haut. Or, l'on devait s'attendre à un échec d'un côté comme de l'autre, à en juger par les représentations faites ce même jour par le prince de Robecq au Magistrat sur l'état des batteries des assiégés et sur leur ser- vice :

« Ces batteries, y dit son Excellence, ne « font nul effet faute de porteurs au sac « ou autres gens au service des canon- « niers ; les pièces ne sont pas en bon état « ni en nombre suffisant ; les canons ne « tirent pas droit faute d'esplanades ; tou-

---

(1) *Arch. mun. — Reg: aux Délib. du Mag. FF.*

« tes causes par lesquelles les ennemis
« avançoient beaucoup dans leurs travaux,
« ce qu'ils n'auroient pas fait autre-
« ment (1). »

*
* *

Il paroît bien aussi que le Magistrat jugeait lui-même que la brèche de St-Bertin
allait êtra un des points de nos remparts
les plus menacés, car nous lisons que le
VI1 avril Messieurs des Deux-Années et
Dix-Jurés pour la communauté s'assemblè-
rent, non dans la chambre des Villes de
l'abbaye de St-Bertin, qu'ils trouvèrent
trop proche du Fort aux Vaches, mais au
couvent des Dominicains, situé au centre
de la ville, pour être moins exposés au feu
des batteries françaises (2). Ne faut il pas
expliquer de la même façon la démarche
que fut chargé dans le même temps de
faire auprès du Prince de Robecq, le procureur de la Ville pour que les bourgeois
fussent « excusés de faire garde en la de-
« mi-lune derrière l'abbaye de Saint-Ber-
« tin ? (3) » Il le faut sans doute, mais on
ne peut voir, je crois, après ce qui a été

---

(1) *Arch. mun. — Reg. aux délib.*
(2) *Arch. mun. — Reg. aux délib. du
Mag. FF.*
(3) *Ibidem.*

dit de certains « mauvais bruits », dans l'appréhension de nos miliciens de 1677 autre chose que leur peu de goût pour des combats devenus à leurs yeux fratricides.

*
* *

A propos de la Chambre des Villes de l'abbaye de St-Bertin, on a dit qu'à partir du jour où le Magistrat quitta la halle pour aller délibérer ailleurs, ses assemblées se tinrent dans cette abbaye, c'est une erreur, car, on vient de le voir, le 6 Avril il alla siéger dans la maison de l'Echevin Van Rode, Le 7, il se réunit dans une salle du couvent des Dominicains. Dans la nuit du sept au huit, il était en permanence dans la même salle, lorsqu'on lui apporta la nouvelle que les Français levaient leur camp du Moulin Brûlé (1) pour aller s'établir en arrière du fort aux vaches et il y délibérait encore le huit, lorsqu'on vint lui annoncer que ceux-ci avaient pris le fort. Le 9 et le 10, il siégea toujours au couvent des Dominicains, et le 11 il reprit le cours de ses séances dans la salle échevinale qu'il ne quitta plus jusqu'à la fin du siège (2).

*
* *

---

(1) *Bib. de la ville, msc. 828.*
(2) *Arch. man. — Regist. aux délib. FF.*

Et pourquoi les assiégeants avaient-ils quitté leurs positions de l'Arbre de Notre-Dame et du Moulin Brûlé ?

Parce qu'ils avaient été informés que le Prince d'Orange arrivait par Cassel au secours de la ville de St-Omer avec une nombreuse armée Hispano-Hollandaise, et que le duc d'Orléans avait résolu de se porter aussitôt à sa rencontre avec le gros de ses troupes, laissant du côté de St-Martin-au-Laërt et de Longuenesse juste assez de monde pour intercepter les secours pouvant être envoyés par là aux assiégés, le reste, retranché dans le fort aux Vaches, ou cantonné à Blendecques, ou campé en avant d'Arques, devant suffire pour une continuation efficace du siège en attendant l'issue du combat décisif qui allait se livrer.

**\***
**\* \***

L'attaque du fort aux Vaches fut, pour employer l'expression militaire, une affaire chaude. « Il y eut, dit la chronique Berti-« nienne (1) beaucoup d'officiers et de sol-« dats tués ; aultres prisonniers et aultres « se sauvés ».

Il y pouvait avoir environ cent cinquan-et hommes. Mais je renvoie à l'histoire de

(1) *Bib. de la ville.* — *Tome X du Grand Cartulaire de St-Bertin.*

M. Pagart d'Hermansart le lecteur dési-
rant un récit détaillé de ce fait de guerre.

*<br>* *

La veille de cette attaque les officiers du
roi, Gouverneur, Intendant, Grand bailli,
et, si l'on veut, Mayeur, avaient pris des
mesures qui témoignaient bien de la cons-
cience que chacun avait du grand danger
couru par la ville. Ils avaient commandé :
« A tous bourgeois, manants et habitants
« de faire aussi grande provision que pos-
« sible de tout ce qui étoit nécessaire pour
« éteindre les incendies que les batteries
« des ennemis allumeroient ; — aux char-
« pentiers, maçons et couvreurs de tuiles
« ou d'ardoises de se tenir prêts à donner
« assistance là où ils seroient requis sous
« peine de la perte de leurs droits de maî-
« trise ; — aux brouetteurs, sous les mê-
« mes peines et d'autres peines arbitrai-
« res, de faire le même devoir, s'ils en
« étoient requis ; aux commis aux ouvra-
« ges de tenir toujours dans les fossés de
« la ville sept ou huit bateaux destinés à
« porter des pains et des munitions aux
« soldats postés hors de la ville ».

L'ordonnance portait que ces « devoirs »
se feraient « tous impôts cessants ». Nous
voyons cependant que les échevins Sire
Antoine Michiels et Adrien Roels furent
chargés dans le même temps de percevoir

le double guet dont il est parlé plus haut (1).

\*
\* \*

Après la prise du fort il est visible que la grande préoccupation du Magistrat fut de mettre tout ce côté des remparts en état de repousser les assiégeants, s'ils tentaient de pénétrer dans la ville.

En effet des quatorze compagnies bourgeoises requises pour défendre les remparts, il en fut posté une à chacune des trois portes de St-Sauveur, de Ste-Croix et du Haut-Pont ; deux furent échelonnées de la porte du Haut-Pont à la porte l'Abbé. A la porte l'Abbé on n'en mit pas moins de trois. Les six autres se partagèrent le reste des remparts qui était les cinq sixièmes des murs d'enceinte. A la porte l'Abbé furent envoyés « travailler promptement aux esplanades des batteries » les maîtres Nicolas de Soude, Pierre Lequien, Jean Dieudonné, Pierre Gilles, Jacques Vandriès, chacun avec tous ses « valets ». A la porte l'Abbé reçurent l'ordre de se rendre sans aucun retard avec « louchets, pelles et hoyaux » les sept autres compagnies bourgeoises qui n'avaient pas été de garde la veille. A la porte l'Abbé encore furent re-

---

(1) *Arch. mun. — Reg. aux délibérations FF.*

quis de se trouver les religieux de Saint-
Bertin, des Cordeliers, etc., pour y travailler avec les ustensiles nécessaires qui
leur seraient délivrés ; « et tout ce, disait
l'ordonnance, sans remise, attendu que la
chose requeroit célérité » ; et l'ordonnance disait vrai, car nous voyons que dans le
même temps, les maîtres mandeliers et
leurs valets étaient requis de faire au plus
tôt de petites mandelettes à remplir de
balles et à poser sur les remparts et sur les
parapets, où les tirailleurs des assiégeants
avaient commencé, dès le 8 avril, un vif
combat d'escarmouche avec les soldats postés hors de la ville (1).

*<br>* *

Le 9 on put croire que les assiégeants
tenteraient les surprises qui avaient si
bien réussi aux troupes de Charles VIII.
En effet, tandis que le Magistrat avisait
au moyen de retenir à leurs postes sur les
remparts et sur les parapets « les personnes escarmouchant avec l'ennemi », on
vint lui dire que les eaux de la Haute
Meldicq avaient baissé d'un pied et demi
environ et que la grille placée sous la voûte de cette rivière n'était plus à sa place.
    Les assiégeants avaient-ils pratiqué
des saignées à la Haute-Meldicq pour met-

----

(1) *Archiv. mun. — Reg. aux Délib.*
*FF.*                                           8

tre son lit à sec et pénétrer par cette voie dans la ville ?

Un officier qui assistait au siège, l'a dit dans ses mémoires (1).

Quoi qu'il en soit, pour conjurer le péril dont le Magistrat se crut menacé, celui-ci dépêcha en toute hâte au Prince de Robecq les échevins semainiers et le Conseiller principal pour l'informer de ce fait, et, laissant à Son Excellence le soin d'aviser aux moyens de déconcerter les desseins des assiégeants, il prit cette résolution qu'il n'est pas hors de propos, je crois, de noter :

« A été résolu qu'il sera livré par Mar-
« tin Moriencourt, fermier des fortifica-
« tions, un demi-tonneau de bière et deux
« lots de brandevin par jour au premier
« sergent de la compagnie de Messieurs
« pour tous ceux de cette compagnie »
« afin de les *encourager à se bien dé-*
« *fendre* aux postes qu'ils occupent ». (2)

*<br>* *

Cependant le duc d'Orléans était parti avec le gros de l'armée vers Cassel à la

---

(1) *Mémoires d'un « officier distin-*
*gué » qui a gardé l'anonyme.*
(2) *Arch. Com. — Registre aux délib.*
*du Mag. FF. — Cf. Comptes des forti-*
*fications.*

rencontre des Hollandais arrivant au secours de Saint-Omer, et l'occasion paraissait bonne pour troubler par des sorties
les Français dans leurs approches vers la
porte à l'eau de l'abbaye. Dans ce dessein
sans doute le Comte de Saint-Venant requit le Magistrat de faire rétablir la fausse
porte qui était devant le boulevard situé
près de sa maison. Le même jour 10 avril,
le connétable Pascal Quevillard, de garde
à la porte du Haut-Pont, reçut, avec les
clefs de la porte à l'eau de Lyzel, l'ordre
d'ouvrir cette porte pendant la nuit, s'il
en était requis au nom de son Excellence
ou du Magistrat par personnes bien con-
nues ou accoutumées à porter de semblables ordres. Le Magistrat prit ensuite les
résolutions qui se trouvent ainsi formulées
dans le registre de ses délibérations :

« Messieurs du Magistrat, assemblés au
« couvent des Pères Dominicains, font
« prier Messieurs les prieur et religieux
« de Saint-Bertin, les supérieurs des Pè-
« res Jésuites Wallons, des Dominicains,
« des Capucins, des Récollets, des Carmes,
« d'envoïer demain vers huit heures du
« matin un bon nombre de leurs religieux,
« garnis de pelles et de hoyaux, travailler
« à rabattre les ouvrages que les ennemis
« ont faits aux environs des Hornewercq
« et fortifications au-dessus de la porte de
« Saint Sauveur.

« Messieurs font prier Messieurs les
« Doyen, chanoines et chapitre et autres
« du clergé d'envoyer leurs valets ou
« hommes suffisants travailler à rabattre,
« etc., etc.

« Messieurs du Magistrat ont ordonné à
« tous capitaines et officiers de chaque
« compagnie bourgeoise, n'étant de garde
« aux portes, d'aller avec ceux de leurs
« compagnies respectives demain à huit
« heures du matin, garnis de pelles, lou-
« chets, et hoyaux, aussi de leurs armes,
« travailler jusqu'à deux heures de l'après
« midi, à peine de six florins d'amende à
« la charge de chaque défaillant, à rabat-
« tre les ouvrages que les ennemis ont faits
« aux environs et au-dessus, près de la
« porte de Saint-Sauveur ».

*
* *

Le lendemain était un dimanche ; mais
il fallait avant tout pourvoir au salut de la
ville et l'ordonnance concernant le clergé
contenait cette clause particulière : « no-
« nobstant la solennité du jour pour ainsi
« le requérir le service de Sa Majesté ».
Ce dimanche là, du reste, ne devait être
jour férié pour personne, car il fut ordonné aussi aux brasseurs et aux boulangers
de brasser le plus de bière, de cuire le plus
de pains qu'ils pourraient et les sieurs Da-
resmieux et La Pierre furent chargés de

requérir tous les faiseurs de bateaux et autres personnes qu'ils croiraient bon d'employer, pour la construction immédiate et prompte d'un pont devant servir au passage vers le bac d'une armée de secours attendue ce jour-là même 11 avril 1677.

*⋆*

La sortie du 11 avril ne se fit donc point par la fausse porte du boulevard situé derrière la maison du Comte de St-Venant, ni par la porte à l'eau de Lyzel ; mais par celle de St-Sauveur. On a dit qu'elle fut désastreuse : j'ai cherché en vain dans nos archives des renseignements sur cet incident du siège. Le registre aux délibérations échevinales se tait là-dessus. Il est vrai que son silence se fait sur toutes choses du 11 au 16 avril. La correspondance du Magistrat, qui contient, on l'a vu, maint ordre du Prince de Robecq écrit de sa main, aurait dû ce semble, en contenir un relatif à cette opération importante : celui, par exemple de redoubler de vigilance du côté de la porte St-Sauveur. Or on n'y trouve rien de semblable, non plus que dans d'autres documents tels que comptes des fortifications, comptes des casernes, comptes du guet, comptes de la garde, etc., etc., qui nous fournissent tant de renseignements utiles sur tous les points de notre histoire locale. Jusqu'à preuve donc

du contraire, je croirai que la sortie du 11
avril eut un plein succès, d'autant plus
qu'en quittant leurs positions du Moulin
Brûlé, les assiégeants n'y avaient même
pas laissé assez de monde pour mettre le
matériel qu'ils abandonnaient, à l'abri du
pillage de leurs ennemis. Dès le 10 avril
en effet, dans un ordre du Prince de Robecq au Magistrat, il est recommandé ex-
pressément à celui-ci de « faire réparer in-
« cessamment les batteries sur les rem-
« parts de cette ville au moyen des plan-
« ches et autres matériaux provenant des
« batteries ennemies » venus en la possession de divers particuliers en même temps
que, « de la poudre, des balles, un avant-
« train de canon et une charrette » dont il
sera bientôt fait vente.

*
* *

Le onze avril fut réellement désastreux
pour les partisans du roi d'Espagne, mais
ailleurs qu'au Hornewerk de Saint-Martin-
au-Laërt :

Ce jour là les secours promis devaient
arriver, comme l'atteste cette résolution
du Magistrat déjà mentionnée : « Les fai-
« seurs de bateaux et leurs auxiliaires doi-
« vent faire diligence attendu que son Ex-
« cellence aurait été avisée par son Altesse
« le Prince d'Orange qu'il s'avançoit vers
« Saint-Omer et qu'il convenoit faire un

« pont de bateaux au bac ou ailleurs et
« d'avoir le tout prêt promptement pour
« le placer où il écherroit. »

Mais tout dépendait d'une bataille que
l'armée du duc d'Orléans devait livrer à
celle du Prince d'Orange.

Or on sait que près de Cassel. où eut
lieu la rencontre, les Hollandais furent
complètement défaits. On peut voir dans
le grand salon de l'hôtel de ville de Saint-
Omer un tableau de Vermeulen représen-
tant cette victoire des Français. On peut
lire le récit détaillé de la bataille dans
plus de vingt historiens, Il n'entre pas
dans mon sujet de raconter longuement
ce fait de guerre, dont la nouvelle dut
être annoncée aux assiégés le soir même
du 11 Avril par des feux de joie allumés
dans le camp des assiégeants et dans tous
les postes occupés par eux autour de notre
ville. Inutile de dire que les défenseurs de
la place assiégée en furent consternés : ils
étaient avertis par ce revers, qu'ils n'a-
vaient plus à compter pour leur délivrance
que sur eux-mêmes et sur la dernière
chance de salut que le « beau désespoir »
laisse aux vaincus.

*
* *

A n'en juger que par le registre aux délibérations échevinales, il semblerait qu'a-
près le 11 avril la stupeur et l'effroi eus·

sent paralysé tout le corps de ville. En effet, à partir de ce jour, ce registre ne mentionne plus qu'une séance insignifiante du Magistrat. Il est vrai que l'on ne trouve pas davantage mention de séances du conseil de guerre ni des Etats, qui ont dû cependant fonctionner plus que jamais après la bataille de Cassel. Heureusement les Comptes de la ville et la Correspondance du Magistrat nous viennent en aide pour combler cette lacune et ils nous apprennent que la lutte se continua après le 11 avril et même devint très vive entre les assiégeants et les assiégés.

Ainsi les « muniments des comptes », comme ils étaient appelés dans la langue wallonne de nos pères, nous montrent Adrien Roels, un des dix jurés pour la communauté, faisant achat les 12, 14 et 16 avril, sur ordonnances de Messieurs, de mandelettes pour les soldats qui escarmouchaient sur les parapets et les remparts (1) ; Martin Mariencourt fermier « d'aulcunes fermes » livrant, sur ordonnances également tant aux soldats de la compagnie de Messieurs qu'autres, pour les encourager à se bien défendre ; les 9, 10 et 11 avril, un tonneau et demi de bière et six lots de

---

(1) *Arch. mun. ; compte des fortifications.*

brandevins ; le 13 une demi-tonne de bière
et deux lots de brandevins ; les 15, 16, 17
et 18 deux tonneaux de bière et huit lots
de brandevins ; le 19 et 20 une tonne de
bière et quatre lots de braudevin(1) ; les
échevins Percheval, Hendricq et Desannois
achetant le 14 Avril, sur ordonnance toujours, de divers particuliers, des planches
et autres bois, de la poudre, des balles, un
avant-train de canon et une charrette provenant des batteries des ennemis pour être
employés aux esplanades de canons de la
ville (2) ; enfin les quatorze canonniers de
la ville demandant le 17 avril à Messieurs
les Mayeur et échevins une indemnité pour
leur bon service depuis trois mois et dé-
clarant que tout « chargés d'enfants » qu'ils
sont, ils seront toujours ponctuels pour
le service de Messieurs du Magistrat » (3).

*
* *

Je trouve à la date du 17 avril, dans les
comptes des fortifications cette remontrance « bien humble » des brouetteurs de
la ville au Magistrat :

« Messieurs,
« Messieurs Mayeur et Echevins de la

-----

(1) *Arch. Mun. Comp. des fortifications.*
(2) *Ibidem.*
(3) *Ibidem.*

« ville et cité de Saint Omer, Remontrent
« bien humblement les connétables, mais-
« tres et compagnons du métier des
« brouetteurs de nostre ville qu'ils auroient
« mené avec leurs charrettes et par ordre
« de vos Seigneuries le nombre de deux
« cent seize voitures d'un magasin à l'aul-
« tre et des dits magasins au rampart de
« munitions de guerre tant poultres, plomb
« et balles que mesches et mousquets sans
« qu'ils auroient reçu nonobstant leur tra-
« vail et grande occupation aulcuns salai-
« res. Pourquoi ils se sont avisés se reti-
« rer par devers vos dictes seigneuries, les
« supplians de l'humilité dite estre ser-
« vies de leur vouloir depescher mandat à
« raison de huit sols de chacune voyture
« comme ordinaire et qu'ils ont esté cy
« devant payés, considéré qu'ils ont dili-
« gemment exécuté les ordres qui prove-
« naient d'icelles seigneuries (1) ».

Ce document est précieux à plus d'un
titre, mais je laisse à d'autres le soin d'y
puiser les renseignements utiles pour l'histoire de la langue wallonne, pour celle de
l'organisation militaire de notre ville, pour
celle de la corporation de nos brouetteurs
en 1677, et je me borne à en tirer cette

---

(1) *Arc. mun. — Comptes des fortifications.*

conclusion, qui me semble naturelle et qui
se rapporte à mon sujet : à savoir, qu'à la
veille d'un dénouement de la crise probablement heureux pour les assiégeants, les
créanciers de la ville, brouetteurs aussi
bien qu'autres, avaient hâte d'être payés.

*
* *

Le moment décisif paraissait en effet venu. L'armée du duc d'Orléans était retour-
née sous les murs de Saint-Omer et tout
était prêt pour une attaque vive du côté
le plus vulnérable de la place, c'est-à-dire
en avant du Fort-au-Vaches, en face de la
demi-lune et de la brèche de St-Bertin.

Aussi trouvons-nous dans la correspondance du Magistrat ces deux ordres du
Prince de Robecq :

« Messieurs du Magistrat sont requis
« de laisser le guichet de la porte du Haut-
« Pont ouverte pour envoyer les secours
« à la contre-escarpe de la demi-lune en
« cas de bessoin.

« Fait à Saint-Omer 17 avril 1677.

« LE PRINCE DE ROBECQ. »

« Ne sachant pas si Messieurs du Ma-
« gistrat sont avertis de tenir la porte à
« l'eau ouverte, scavoir celle de Lyzel,
« nous les requérons que, pour le plus
« grand service de sa Majesté, ils la veuil-
« lent laisser ouverte, attendu qu'il y at

« ordonné une garde suffisante pour la
« garde.

« Faict à Saint-Omer 17 avril 1677.

« LE PRINCE DE ROBECQ. »

C'était par ces deux portes en effet et
par le chemin couvert longeant la Cingledicq avec pont construit sur la rivière de
Lyzel que l'on pouvait envoyer des secours aux soldats de la garnison escarmouchant sur les parapets ou du haut des demi-lunes avec les Français retranchés dans
le fort aux vaches.

*<br>* *

Les comptes des fortifications confir-
ment du reste ce fait de l'assaut projeté
de ce côté, par cette ordonnance du Magistrat qu'ils contiennent et qui est datée
également du 17 Avril.

« Mᵒ Jean Lamoury, argentier, Mes-
« sieurs Maïeur et échevins de la ville de
« Saint-Omer vous ordonnent des fournir
« ès mains du Sʳ de Moriencourt la som-
« me de vingt-quatre florins pour subve-
« nir aux frais et débours qu'il convient
« journellement faire aux quatorze canon-
« nonniers qui sont aux batteries de
« l'Abbé ». (1)

---

(1) *Les quatorze canonniers de la
ville avaient, eux aussi demandé le 16*

*
* *

L'attaque, nous dit Ch. de Whitte, commença le 17 Avril. (1)

A quelle heure de la journée ?

Le chroniqueur de Saint-Bertin ne nous le dit pas.

Mais elle dut se prolonger jusqu'au soir au milieu d'une pluie de balles et de boulets lancés d'une part sur les demi-lunes, les parapets et les remparts de l'abbaye, d'autre part sur les assiégeants, tandis qu'un combat furieux de mousqueterie et de piques était engagé sur les parapets.

Un moment les Français restèrent maîtres de la contrescarpe après un grand carnage de part et d'autre ; ils durent ensuite se replier et recourir à la sape pour rendre les approches plus faciles et plus sûres.

Les nouvelles tranchées ne demandèrent pas moins de deux jours de travail.

Enfin, le 19 au soir, les assiégeants at-

---

à être payés, n'ayant pas reçu leur solde depuis le 3 mars, quoique tous « chargés d'enfants », dit leur « remontrance très humble » émaillée d'un bout à l'autre de grosses fautes d'orthographe qu'on s'explique. Ils ne savaient même pas écrire pour la plupart.

(1) Bibl. de la ville. Tome X du Grand cartulaire de St-Bertin.

teignirent le chemin couvert et s'en emparèrent.

Ils venaient de combler l'avant-fossé
avec des fascines et s'apprêtaient à livrer
l'assaut, tandis que le comte de Coupigny
se retirait du faubourg du Haut-Pont avec
ses troupes pour ne pas être pris entre
deux feux (1), lorsque le Prince de Robecq
signa un armistice, ce que le secrétaire du
synode des curés confirme par cette note
dans sa petite chronique du siège : « *Die
decimâ nonâ induciæ factæ sunt* », en
Français : (2) « le 19, une trêve fut signée. » Ce n'était pas encore la reddition,
mais c'en était le préliminaire obligé si
l'on ne voulait pas exposer la ville à un
assaut donnant aux assiégeants le droit
de passer tous les habitants au fil de l'épée.
C'était le sort qu'avait subi en 1553, nous
dit Ch. de Neufville dans son histoire de
Saint-Omer (3) la population de Thérouanne pour n'avoir accepté la trêve en question. C'était de ce sort que le duc de Gra-
mont avait menacé naguère une ville de
la Franche-Comté qui refusait d'ouvrir ses
portes aux Français.

---

(1) *Van Loon, hist. métallique des
Pays-Bas.*
(2) *Bib. de la ville. — msc. 809.*
(3) *Bibl. de la ville. (manuscrit)*

*
★ ☀

Le conseil de guerre s'assembla aussitôt
pour décider s'il fallait continuer la lutte
ou procéder sans plus de retard à la négo-
ciation d'une capitulation. Les «provisions»
des commandants des places les obligeaient
bien à soutenir trois assauts. Mais, comme
Voltaire l'a fait observer, c'étaient de ces
lois qui ne sont jamais exécutées. (1)

Depuis longtemps il suffisait que la défense fut devenue impossible pour qu'une
capitulation pût se faire avec honneur sans
un assaut ou plusieurs assauts préalablement soutenus.

Or, de l'avis du Prince de Robecq, et
des officiers militaires consultés, une plus
longue résistance des défenseurs de Saint-
Omer était superflue.

Le canon des Français avait ouvert dans
la palissade et le rempart de St-Bertin une
brèche si large que, d'après Basnage,
« cent hommes pouvaient y passer »....
de front sans doute.

La garnison chargée de la défense de la
ville était réduite de moitié.

Plus d'armes et peu de poudre dans les
magasins.

Les canons hors d'état de service.

---

(1) *Siècle de Louis XIV. chap. X.
Conquête de la Hollande.*

Et nul secours à attendre.

Aussi, le 20 Avril, sur les 5 heures et demie du soir, le clergé et le Magistrat arrêtèrent la résolution suivante, qu'on lit à la page 47 du registre capitulaire P. de l'église cathédrale de St-Omer :

« Ceulx du clergé et du Magistrat ayans
« meurement considéré que, suivant le
« raport et déclaration faite au conseil
« de guerre tant par le seigneur Prince
« de Robecq qu'officiers militaires, la
« brèche faite au rempart par le canon
« des ennemys ne se peut soutenir qu'a-
« vecq un péril évident d'estre emportée
« d'emblée ; veu aussi la lettre de maistre
« de camp Bonamigo, et la déclaration en-
« core dudit seigneur Prince de la dimi-
« nution de la garnison presque de la moi-
« tié ; qu'il n'y a plus aucune arme dans
« le magasin ; que le canon est hors d'état
« d'agir et qu'il y a fort peu de poudre
« avecq autres raisons et motifs pressants
« par luy représentés, sont d'avis d'en-
« trer en capitulation par ensemble plus
« tôt que de risquer la vie et les biens
« de leurs peuples, de tant plus qu'il
« n'y at aucuns secours apparent à espé-
« rer. Ainsy faict et déclaré à St-Omer, le
« 20 avril 1677 sur les cinq heures et de-
« my du soir ; et estoient signé : Frère
« George, abbé de Clairmarais ; J. de Liè-
« res ; J. du Change ; J.-B. Taffin ; baron

« de Clarcq ; le baron de Berneville et F.
« Taffin » ; et le conseil de guerre, parta-
geant cet avis qui était aussi celui du peuple, quoi qu'on ait dit, déclara que, le lendemain 21 avril, une députation du clergé,
du Magistrat, des officiers du roi et des
Etats se rendrait à Blendecques auprès de
son Altesse le duc d'Orléans pour dresser
l'acte de la capitulation de St-Omer.

———

# CINQUIÈME PARTIE

---

## Du 21 au 30 Avril 1677

---

Le 21 avril 1677, en effet, dès le matin, les Français prirent possession de St-Omer après qu'il leur eut été délivré des otages choisis parmi les notables de la ville (1).

Pour éviter des désordres, nous dit une délibération du Magistrat, c'est-à-dire sans doute une rixe entre les soldats du roi de France et ceux du roi d'Espagne, le sergent Robert Riflart de la compagnie de Messieurs fut chargé, avec six hommes de cette compagnie, de conduire les soldats de la nouvelle garnison à leurs postes du guet et de la garde (2). En même temps on

---

(1) *Bibl. de la ville.* — *Tome X du grand cart^e. de St-Bertin.*

(2) *Arch. mun. Comptes des fortifications, 1677.*

nomma les députés qui devaient se rendre auprès du duc d'Orléans, resté à son quartier de Blendecques pour arrêter les termes de la capitulation (1).

*<br>* *

Et le lendemain 22 avril, un des trompettes de son Altesse, à qui le Magistrat fit don par courtoisie de 10 patacons et d'une paire de gants, vint prendre les députés de Messieurs et les conduisit avec le trompette du Magistrat Jacques Robins à Blendecques d'où ils furent conduits ensuite à Thérouanne, où Louis XIV venait d'arriver avec M. de Louvois (2). Je renvoie au travail de M. Pagart d'Hermansart le lecteur qui voudrait connaître dans leurs détails les deux capitulations signées le même jour, l'une à Blendecques, l'autre à Thérouanne. Je ferai seulement remarquer à ce propos que si les officiers du roi d'Espagne, les Etats, le Corps de ville et le clergé n'obtinrent pas tout ce qu'ils demandaient, le vainqueur ne laissa pas de se montrer non seulement clément, mais généreux et même courtois envers les vaincus.

---

(1) *Arc. de la ville, cap*re *de Notre-Dame P.*

(2) *Idem.* — *Comptes des fortifications, 1677.*

*
* *

Sans plus de retard le roi de France nomma un gouverneur de St-Omer et un « lieutenant de Roy », car, dans toutes les villes « soumises ou nouvellement réduites à son obéissance », il « commettait » ces deux « officiers » choisis l'un parmi les « lieutenants généraux en ses armées », l'autre parmi les « capitaines en ses régiments ». J'ai trouvé dans la correspondance du Magistrat une copie de chacune de ces deux commissions, « faites à Térouan- « ne le vingt-deuxième jour d'avril 1677, « signées Louis et plus bas Le Tellier » en faveur, celle de gouverneur, du « Sʳ marquis de St-Geniès alors commandant pour le service de Sa Majesté en sa ville de Douay, » l'autre, celle de lieutenant de Roy, en faveur du « Sʳ Raousset, capitaine en son régiment de Navarre ».

A ces deux copies en est jointe une troisième : celle d'une lettre par laquelle « Louis » envoie son « salut » à « son cher et bien aimé le Sʳ marquis de St-Geniès » sur qui il a « jeté les yeux », comme sur « un sujet qu'il a jugé le plus capable, sca- « chant toute sa valeur, prudence, coura- « ge, expérience en la guerre, vigilance, « fidélité et affection singulières à son ser- « vice et aultres qualités requises pour un « emploi de cette conséqnence ».

Ces trois documents nous fournissent
des renseignements utiles sur les attribu-
tions des gouverneurs et des lieutenants
de roi dans les villes de France, sur la di-
versité et l'étendue de leurs pouvoirs,
sur leurs devoirs envers le Souverain et
envers leurs administrés etc., etc. Dans la
commission du Marquis de St-Geniès, j'ai
noté ces quelques recommandations, à cause de leur caractère tout spécial et des circonstances exceptionnelles qui les ont mo-
tivées : le Gouverneur de St-Omer, établi
pour le temps de trois ans, « soubs l'autho-
« rité du gouverneur et lieutenant général
« du Pays d'Artois s'appliquera à faire vi-
« vre les habitants en bonne union et con-
« corde les uns avec les aultres et les gens
« de guerre en bonne discipline et police
« et suivant les règlements et ordres mi-
« litaires, à faire sévèrement chastier ceux
« qui oseront y contrevenir, à avoir l'œil
« à la garde et seureté de la place et gé-
« néralement faire pour sa conservation
« tout ce qu'il verra estre nécessaire et à
« propos. »
Et pour le cas où le roi d'Espagne tenterait de reprendre Saint-Omer, « voulons,
« ajoute, le roi, en s'adressant au nou-
« veau gouverneur, que vous ne puissiez
« sortir de la place qu'avec congé signé
« de nous et contresigné de l'un de nos
« conseillers secrétaires d'Etat et de nos

« commandemens, ny que vous la puis-
« siez rendre en cas qu'elle vînt à estre
« attaquée qu'après en avoir défendu vi-
« goureusement les dehors, contrescarpes
« et fossés aussy longuement et vaillam-
« ment qu'un homme d'honneur est obligé
« de faire selon la loi de la guerre, avoir
« soutenu deux ou trois divers assaulx et
« qu'il y aura eu bresche raisonnable au
« corps d'icelle. (1)

*
* *

Le marquis de St-Geniès n'avait pas attendu sa nomination pour venir prendre
possession de son gouvernement, car nous
lisons dans le registre capitulaire de Notre
Dame, G. 114, que « le chapitre de cette cathédrale envoya, le 22 avril même, trois
de ces chanoines le congratuler sur sa très
heureuse venue en cette province et en
cette ville. »

*
* *

La « Congratulation » des chanoines fut
des plus cordiales.

Celle du Magistrat ne le céda en rien à
celle du chapitre : ses députés furent chargés, nous dit le registre de l'argentier, année 1677, d'offrir au nouveau « gouverneur de la ville quatre cents « patacons

---

(1) *Reg. aux Renouv^{es} de la loy*, 1677;
*Liasse de pièces diverses.— Cf. Gd. car-
tulaire de St-Bertin, tome X.*

« pour témoigner le sentiment de joye que
« Messieurs avoient d'estre sous l'honneur
« de son commandement. »

Messieurs de St-Bertin ne furent ni
moins empressés à venir saluer l'élu du
roi de France ni moins courtois dans leur
« congratulation » : ils lui demandèrent
même qu'il leur fît l'honneur de loger dans
leur abbaye jusqu'au jour où Messieurs du
Magistrat l'auraient pourvu d'un logement convenable soit dans la maison dé-
laissée par M. le Prince de Robecq, soit
ailleurs.

Quant aux curés des paroisses, s'ils allèrent, eux aussi, « bienveigner » le gouverneur français à sa première venue en la
ville de St-Omer, je n'en ai vu nulle part
aucune mention.

*
* *

Mais le Magistrat ne se borna pas à la
courtoisie de 400 patacons payés au gouverneur de la ville. Il voulut « bienveigner » aussi le lieutenant de Roy et même
le major de la place.

En effet le registre de l'argentier
mentionne au chapitre des « mises » après
les quatre cents patacons ci-dessus :

« 300 patacons à M. Raousset, lieute-
« nant de Roy.

« 200 patacons à M. Rochepierre, major.
« de la place. »

Et deux notes du même registre nous apprennent que les « domestiques » ne furent pas plus oubliés que les maîtres :

« A Jean Hendricq, échevin, » lisons-
« nous au f° 84, a été payé 144 florins
« pour pareille somme par luy distribuée
« par ordre de Messieurs aux domestiques
« du marquis de St-Geniès.

« A Nicolas Reynard, hostelain de la
« maison de l'Aigle, a été payé 100 L. pour
« despens faits par les domestiques de
« Monsieur le lieutenant de Roy à son en-
« trée en cette ville. »

Un seul membre du corps de ville, le maieur, baron de Clarques, parut faire la moue aux officiers du roi de France ; mais mal lui en prit : il fut remplacé et l'on fêta son départ par une collation joyeuse, comme l'atteste cette autre note du même registre de l'argentier :

« A Jacques de Riepe, le locataire de la
« maison de ville, a été payé la somme de
« cinquante sept florins dix sept sols pour
« les dépenses faites par Messieurs pour
« avoir choisi un maïeur en la place de
« Monsieur le baron de Clarques. »

* * *

Cependant le duc d'Orléans avait annoncé qu'il ferait son entrée dans la ville de Saint-Omer le 23 avril vers midi.

Il fallut donc que la sortie de la garnison « Espagnole » se fît dans la matinée.

En effet, lisons-nous dans le tome X du grand cartulaire de St-Bertin, le prince de Robecq sortit de St-Omer « à la tête de « deux mille hommes de pied et de cinq « cents de cavalerie, le matin, avec armes « et bagages et deux pièces de canon, pour « être tout de suite conduit en la ville de « Gand. »

Quant au bagage du prince éconduit, il ne paraît pas qu'il ait fallu former un lourd convoi pour son transport, ni que les frais du déménagement, que la ville voulut bien payer, se soient élevés à une forte somme, car voici ce que nous lisons toujours dans le registre de l'argentier :

« A la veuve Jean Labit a esté fourny la « somme de cinq florins pour, avoir mené « avec son chariot, conduit par son fils, le « bagage de M. le prince de Robecq à sa « sortie de cette ville ».

\*
\* \*

Le prince de Robecq avait opéré sa sortie dès le matin par la porte du Brusle ; le duc d'Orléans fit son entrée vers midi d'après la chronique de St-Bertin, « sur les onze heures » d'après celle du chapitre (1), par la porte Neuve.

_____

(1) *Arch. de la ville. — Reg. cap. de Notre Dame P.*

L'entrée du frère de Louis XIV dans Saint-Omer fut joyeuse et toute pleine de courtoisie.

A la Cathédrale, où il se rendit d'abord et où son arrivée fut saluée par un son de la plus grosse cloche, il fut complimenté par le doyen du chapître, puis conduit processionnellement dans le chœur où un *Te Deum* fut chanté par les « chanteurs et musiciens de l'Eglise ».

\*  
\* \*

A la porte Neuve, je ne puis dire l'accueil que le Magistrat fit à son Altesse, par la raison que les documents qui auraient pu nous renseigner sur ce point, ont disparu depuis longtemps de nos archives communales ; mais nous trouvons dans les comptes de la ville des dépenses faites par ordonnance de « Messieurs » prouvant que le duc d'Orléaus dut être « congratulé » par le Magistrat non moins courtoisement que par le chapître.

J'en cite deux, prises au hasard :

« A M. Jacques Taffin, conseiller second, « a été fourni 81 florins 12ˢ pour être dis-« tribués aux valets de pied de son Altesse « Monseigneur le duc d'Orléans, comme « don gratuit à son entrée que Messieurs « lui ont accordé. »

« Aux quatre trompettes et à un timba-« lier de son Altesse royale et a été four-

« ni la somme de cinquante patacons qui
« est à chacun dix, pour une civilité
« à sa première entrée en cette ville (1). »

Lorsqu'on se met en de tels frais pour
plaire aux domestiques, que ne fait-on
point pour plaire au maître du logis ?

*<br>* *

Du reste, le roi venu à Thérouanne,
comme on l'a vu, ne voulut pas retour-
ner à Saint-Germain sans avoir visité sa
nouvelle conquête et, le 30 avril, il fit
dans la ville de Saint-Omer une première
joyeuse entrée sur laquelle les renseignements ne nous manquent pas.

« Le 30 avril, nous dit Charles de Whit-
« te dans le tome X du Grand Cartulaire
« de Saint-Bertin, sur les quatre heures
« de l'après-midi, Louis XIV fit son en-
« trée triomphante dans la ville de Saint-
« Omer, où, après avoir été harangué d'être
« glorieusement rentré dans l'ancien do-
« maine et héritage de ses ancêtres, Sa
« Majesté alla d'abord visiter les fortifica-
« tions et principaux points d'attaque de
« ses troupes victorieuses pendant le siège
« de la ville, qu'il reconnut avoir coûté
« beaucoup de sang de sang de part et

---

(1) *Areh. mun. — Reg. de l'argentier,
1677.*

« d'autre, et vint ensuite prendre son lo-
« gement au palais Episcopal, qu'on lui
« avait préparé. » Le premier mai, il se rendit à la cathédrale ; le 2, vers 7 heures
du matin « il visita l'abbaye de Saint-Ber-
« tin où il fut harangué par D. J. Pecqueur
« sous prieur. Il fit ensuite une prome-
« nade à cheval et partout on lui fit une
« chaleureuse ovation. »

Nous lisons dans le registre de l'argentier de la ville pour l'année 1677 :

« A l'entrée de Sa Majesté en cette ville
« a été payé aux gardes des portes du
« Roy, aux tambours, aux trompettes et
« timbaliers, gardes de suisses et autres
« la somme de 360 florins pour paires de
« gants à eux octroyés. (1)

« Aux capitaines, maîtres connétables et
« confrères du serment du glorieux ar-
« change St-Michel a été fourni 12 flo-
« rins pour exercice à tirer le fleuret (2)
« par ordre accordés par le marquis de
« St-Geniès, gouverneur de cette ville.

« A Simon de la Fortrie et à Charles Ha-
« rache sera payée (3) par Maistre Jean La-

---

(1) *Arch. mun. R^{re} de l'argentier*,
*1677*.

(2) *On voudrait savoir si cette société
avoit son* Hennebains.

(3) *Arch. mun. — Comptes des fortifications*.

« mory, argentier, la somme de neuf florins
« dix sols pour avoir fait un pont à la porte
« de Lyzel pour servir de passage à Sa Ma-
« jesté lorsqu'elle fut faire visite du fort à
« Vaches. »

Voilà qui montre suffisamment, je crois,
avec cette autre note encore du registre
de l'argentier, la joie que ressentaient
Messieurs de la ville d'être retournés sous
la « chère domination » des rois de France :

« A Sire Josse Dubois, Sr de Percheval,
« échevin, a été fourni la somme de 60 flo-
« rins à payer à Dupuisches, peintre en la
« ville d'Arras, pour avoir peint le portrait
« du roy à mettre en la chambre échevi-
« nale. »

*
* *

Quant au sentiment avec lequel le « peuple » de Saint-Omer accueillit les troupes
françaises et le roi de France, je me réser-
ve d'en parler dans la sixième partie de
cette étude après avoir examiné avec le
lecteur, au moyen d'un texte qu'on vient
de lire, une question qui a passionné très
vivement, pendant quelques semaines, le
public audomarois et à laquelle il importe
de donner une solution définitive, à savoir :
où a été pratiquée la brèche par où les
Français seraient entrés de vive force dans
St-Omer, s'il n'y avait pas eu une trêve
d'abord, une capitulation ensuite.

\*
\* \*

Dans une « monographie audomaroise »
que j'ai publiée il y a peu de temps, j'ai dit
que cette brêche fut ouverte entre le bastion n° 13 de la porte de Lyzel et le bastion
n° 12 de la Haute-Meldicq, dans la courtine située derrière l'abbaye de St-Bertin.

J'appuyais mon opinion sur des preuves
qu'il serait trop long de reproduire ici. (1)

Deux érudits sont venus me contre-
dire.

L'un voulait que les Français, après s'ê-
tre emparés du faubourg du Haut-Pont,
eussent dirigé le feu de leurs batteries sur
la courtine proche de la porte du Haut-
Pont, entre cette porte et celle de Calais,
là où il avait cru lire dans la maçonnerie
du rempart la date 1677 commémorative
du siège de St-Omer.

L'autre plaçait la brêche de l'assaut entre la porte du Haut-Pont et celle de Lyzel,
basant son opinion sur une phrase du rapport d'un ingénieur qui avait signalé une
« brêche à fermer » dans cet endroit de
nos remparts.

Il n'a pas été difficile de démontrer d'a-
bord que la date ci-dessus n'était pas 1677,

_____

(1) *Voir mon opuscule intitulé : « Mo-
nographies audomaroises ; souvenirs et
problèmes ».*

mais 1672, et que d'ailleurs les assiégeants n'avaient pu envoyer leurs boulets sur cette courtine ; ensuite que la brèche signalée était une des nombreuses brèches creusées par le temps dans les remparts, toujours réparées, toujours renouvelées, et qu'il n'était pas admissible que les assiégeants se fussent mis, pour battre en brèche notre rempart, les défenseurs de la place à la fois en face, à dos, sur le flanc droit et sur le flanc gauche (1).

Le démantèlement a bien établi aujourd'hui par une preuve de plus que mon opinion était la vraie, en exhumant des terres du bastion 12, et de la courtine contiguë à la Meldicq du côté ouest, des squelettes, des boulets et des bombes lancés de la digue de la Meldicq par les batteries établies en avant du fort aux vaches ; mais tout cela nous nous eût manqué que la dernière note des comptes de la ville citée ci-dessus eût dissipé à elle seule tous les doutes. Où, en effet, nous dit-elle que le roi de France alla voir les principaux points d'attaque de ses troupes victorieuses ?

En face de l'entrée en ville, de la Meldicq et du bastion 12 qui flanquait à l'Ouest

___

(1) *Entre la fraiche poissonnerie à dos, le rempart en face, la porte et le faubourg de Lyzel à gauche, la porte et le faubourg du Haut-Pont à droite.*

la courtine reliant les bastions 12 et 13.

Or c'est précisément par là que j'ai montré les assiégeants arrivant par la sape, par des combats furieux, par des fascines jetées dans l'avant-fossé de la ville, jusqu'à la large brêche ouverte pour l'assaut.

Aussi redirai-je sans aucune hésitation que l'on peut en toute sûreté donner à la rue des Moulins le nom de rue de la brêche, si l'on veut consacrer et perpétuer le souvenir d'un des événements les plus mémorables de l'histoire de notre ville.

# SIXIÈME PARTIE

---

## Du 30 Avril 1677 au 16 Janvier 1679

---

La première entrée de Louis XIV dans
la ville de Saint-Omer fut bien fêtée, on
l'a vu, par le Magistrat, par le Chapitre de
Notre-Dame et par Messieurs de St-Bertin.
Quant au peuple, s'il n'avait pas témoigné
tout d'abord une grande joie d'être rede-
venu français, il n'en faudrait pas trop
s'en étonner. Le peuple avait beaucoup
souffert pendant le siège, à en juger seulement par un rôle du guet citant dans les
seuls faubourgs cent trente-cinq maisons
« brûlées, ruinées et abandonnées », et
une grande douleur ne se cicatrise pas si
tôt. Le peuple avait entendu cent fois ses
prédicateurs anathématiser ces « Français
hérétiques » devenus ses maîtres, et cela
seul pouvait glacer en lui le « cœur français », nous dit un manuscrit de J. C. Vis-

conti (1) ; et puis si la ville de St-Omer avait été prise par Louis XIV, la guerre durait toujours, et, en 1677, comme au temps de Maximilien et de Charles VIII, les Audomarois étaient prudents et réservés « ès cas semblables », se rappelant les vicissitudes de la fortune qui pouvaient, d'une manière ou d'une autre, ramener les Espagnols et les Hollandais, leurs alliés, dans la capitale de l'Artois réservé. Rien ne prouve toutefois que le peuple de St-Omer ne se soit pas associé aux manifestations enthousiastes et françaises du Corps de ville, du chapitre et de l'abbaye, et, en l'absence de renseignements à cet égard, le parti sage est de s'abstenir et d'attendre.

*
* *

Voici d'ailleurs un fait qui pourrait bien prouver déjà que ces Français « maudits » ne firent pas aussi grande horreur au peune audomarois qu'on voudrait toujours le faire croire :

Peu de jours s'étaient écoulés depuis la capitulation, lorsque le secrétaire du synode des curés porta dans son registre aux délibérations cette note : « Messieurs « les vicaires généraux, sur les instances « de Monsieur le Marquis de St-Geniès,

_____

(1) *Bib. de la ville, msc. n° 907, année 1638.*

« gouverneur de St-Omer pour le roi très
« Chrétien, ont fait défense à tous les cu-
« rés de cette ville de marier aucun sol-
« dat Français sans la permission dudit
« sieur gouverneur. » (1)

Cela sans doute ne nous dit pas qu'il fût
ici question de mariages entre les soldats
français et les jeunes filles de St-Omer,
mais, outre que l'hypothèse contraire paraît peu probable, je relève dans les registres de l'état civil des six paroisses de
St-Omer et dans les divers documents des
archives de cette ville nombre d'unions de
ce genre contractées surtout entre des officiers de l'armée du roi de France et des
filles des meilleures maisons audomaroises, et je n'hésite pas, je l'avoue, à considérer cette intervention du gouverneur de
la ville pour empêcher les susdits mariages comme le symptôme d'une grande envie des jeunes filles de St-Omer de prendre pour époux des français ; mais, du même coup, cela n'attesterait-il pas que leurs
pères ou leurs tuteurs ne trouvaient pas
ces époux français indignes de leurs filles
et d'eux-mêmes ?

*
★ ★

On a trouvé, du reste, aux archives du
dépôt de la guerre une pièce plus signifi-

(1) *Manus. 808 de la bibl. de St-Omer.*

cative. C'est une lettre écrite par le marquis de St-Geniès à Louvois au lendemain du jour où il avait reçu le serment de fidélité du clergé de la cathédrale et de St-Bertin et des Bourgeois.

Clercs, gens du baillage, bourgeois, dit le gouverneur de St-Omer, sont venus le 22 mai prêter le serment fort gaîment (1).

\*
\* \*

Deux serments firent défaut, celui du nouveau souverain de l'Artois et celui du clergé des six paroisses.

\*
\* \*

Il était d'usage en effet, à propos du premier, que tout nouveau souverain de l'Artois vînt, en prenant possession de son Comté, jurer dans la cathédrale de St-Omer, qu'il « maintiendroit les anciennes « lois et bonnes coutumes de la ville et ob- « serveroit et feroit observer les droits pri- « vilèges, anciennes coutumes, franchises « et libertés concédés par ses prédéces- « seurs ou qui seroient concédés par lui à « la ville de St-Omer et à ses habitants » et j'ai montré dans une étude publiée en

_____

(1) *Pagart d'Hermansart : « Le siège de St-Omer en 1677 », page 65.*

1878 (1) que ce « serment de prince »,
comme on l'appelait, fut fidèlement prêté
par tous les souverains de l'Artois de 1127
à 1677.

Louis XIV s'abstint de prêter ce serment.

Le Magistrat en fut sans doute scandali-
sé, mais il n'osa ou ne voulut pas protester, et ce silence contribua sans doute un
peu à faire prendre au roi la décision que
l'on trouve ainsi mentionnée dans le « registre aux Renouvellements de la loy » à la
date du 12 janvier 1678. « L'intendant
« Boistel auroit déclaré qu'il estoit autori-
« sé de la cour de continuer cest année
« Messieurs dans leur Magistrature en
« considération des bons debvoirs qu'ils
« avaient rendus pour le service du Roy,
« et de cette ville... En suite de quoy
« Messieurs l'auroient très humblement
« remercié et de là il se seroit transporté
« au doxal avec eux pour recevoir leur
« serment lequel achevé sur le même
« modèle qu'ont presté le 30 septembre
« 1677 les sieurs Mayeur et échevins, il est
« rentré dans la chambre et a reçu le ser-
« ment de ceux de l'an passé et Dix Jurés,
« ensemble celui des échevins commis aux
« Ouvrages, au Livre des Orphelins et à

---

(1) *Curiosités historiques des arch.
de St-Omer, chap. IX, page 71.*

« l'Issue : » touchante fête de famille que termina une joyeuse « collation » à la scelle aux frais de la ville.

\* \*
\*

Mais pourquoi les curés des six paroisses de St-Omer ne se hâtèrent-ils pas de venir, comme les chanoines de Notre-Dame, comme « Messieurs de St-Bertin, » prêter serment de fidélité au roi très-chrétien à sa première entrée dans la ville de St-Omer? Il ne serait sans doute pas sans intérêt de connaître la raison de cette hésitation. Quoi qu'il en soit, trois mois après les prestations de serments que je viens de dire, le marquis de St-Geniès attendait toujours. Au commencement de septembre, lisons-nous aux feuillets 167 et 168 du manusc. 828, des capucins français vinrent prêcher une mission dans les six paroisses de St-Omer avec l'autorisation des vicaires généraux. Pour rendre leur mission, ou plutôt leur propagande plus fructueuse, il leur avait été donné le pouvoir de catéchiser et de confesser les paroissiens. Pendant un mois, ces pères multiplièrent dans leurs sermons leurs exhortations à « l'o- « béissance des supérieurs tant laïques « qu'ecclésiastiques », faisant alterner ce sujet, au moins aussi politique que religieux, avec des homélies suggérées par les curés sur la fréquentation des églises

paroissiales, sur l'utilité du catéchisme
pour les pauvres principalement, sur « le
soin » des biens de l'Eglise, sur la modes-
tie dans les processions et le respect dû
aux ecclésiastiques, sur les femmes s'ap-
prochant trop des autels et ambitionnant
le premier rang dans les processions, sur
le blasphème, sur l'usure, sur la luxure,
sur les dissensions dans les familles, sur
les toilettes décolletées ou trop élégantes
des femmes et sur les bains pris par les
hommes nus dans des lieux publics (1).

Le clergé des paroisses ne prit sans
doute pas pour lui les exhortations des capucins français, et, ni au commencement de
septembre 1677 après leurs prédications,
ni à la fin de janvier 1678 après l'arrivée
du nouvel évêque Tristan de la Baune
nommé par Louis XIV, ni après la
paix signée le 10 avril 1678 « contre l'attente du public » (2) entre la France et la
Hollande, il ne se prêta à cette acte de
soumission réclamé itérativement par le
marquis de St-Geniès.

*
* *

Il s'y refusa même encore après la paix
signée entre la France et l'Espagne le 17

---

(1) *Bibl. de la ville. — Reg. aux délib.
des synodes des curés.*

(2) *Ibidem, G*ᵈ *Cart. de St-Bertin,
tome X.*

septembre 1678 et après le Te-Deum chanté à l'occasion de cette paix dans l'église
Notre Dame le 30 novembre. Ce n'est que
le 16 janvier 1679 que messieurs les curés
de nos paroisses de Sainte-Aldegonde, de
St-Jean, de St-Denis, du St-Sépulcre, de
St-Martin se décidèrent, sur une nouvelle
requête du Gouverneur, à venir prêter ès-
mains de celui-ci le serment de fidélité
ainsi formulé dans le registre aux délibérations de leurs synodes :

« Nous, curés des paroisses de Ste-Alde-
« gonde etc... de cette ville, assemblés
« par les ordres de Monsieur le marquis
« de St-Geniès, gouverneur d'icelle, jurons
« sur les saints évangiles, pour nous et
« autres prestres habitués de nos parois-
« ses et ceux qui seront cy-après, d'estre
« bons et loyaux sujets du Roy, de le re-
« cognoistre légitime souverain, luy ren-
« dre toute obéissance et ne rien faire con-
« tre son service, promettant d'avertir
« Monsieur le marquis de St-Geniès et,
» en son absence, ceux qui commanderont
« en cette ville de tout ce qui viendra à
« nostre cognoissance, qui pourra estre
« préjudiciable au dit service, ainsi que
« des bons et fidèles sujets doivent faire.
« Fait à St-Omer le 16 janvier 1679, et es-
« toient signés les six curés, savoir : de
« Ste-Aldegonde, Ste-Marguerite, St-Denis,
« St-Jean, St-Martin, St-Sépulcre. »

*
* *

L'hésitation du clergé des paroisses s'explique peut-être après tout. Est-ce que Charles de Whitte ne nous a pas dit que la paix entre la France et la Hollande fut signée le 12 août 1678 contre l'attente du public ? Est-ce que l'Espagne dont le clergé des paroisses chérissait la domination n'attendit pas jusqu'au 17 septembre pour y adhérer ? Est-ce que la promulgation de la paix de Nimègue ne fut pas ajournée jusqu'au 31 décembre 1678 ? N'oublions pas que la prise de Saint-Omer par les Français ne termina pas la guerre. En février 1678, « la guerre continuant (1), » M. de Breteuil donna l'ordre de réparer les fortifications de cette ville. Il était donc prudent, pensèrent sans doute nos six curés, de ne pas s'aliéner Sa Majesté catholique, tant que la roue de fortune continuerait de tourner.

*
* *

Ainsi ne pensa pas apparemment, en 1677, après la reddition de la ville, un bourgeois de Saint-Omer dont il ne sera gas jugé hors de propos, je crois, de dire un mot ici.

_____

(1) *Bibl. de la ville. — Grand Cart. de St-Bertin, tome X.*

Les villes des Pays-Bas, je l'ai montré ailleurs, sous la domination espagnole, étaient tenues de fournir aux troupes de la garnison le bois, les tourbes, les voitures de transport et bien d'autres objets encore.

Longtemps elles se chargèrent elles-mêmes de ce service.

A partir de 1677 nous voyons cette régie remplacée à St-Omer par une ferme adjugée aux enchères à un particulier qui devint « le munitionnaire de la ville ».

Or, vers le commencement d'Août, 1677, qui osa se constituer le munitionnaire de la garnison du roi de France à St-Omer sans se demander si, au cas où les Espagnols reprendraient cette ville, il n'aurait pas à craindre le ressentiment du roi d'Espagne ?

Robert Robins, le père de l'héroïne audomaroise.

Et c'est ainsi que nous trouvons dans les comptes de l' « entremise des baraques » la déclaration suivante, qui, outre qu'elle se rattache à mon sujet, servira à la fois d'explication à l'acte de courage de Jacqueline Robins en 1710 (1) et de réponse à un pamphlet plein de contradictions et d'absurdités.

---

(1) *Etudes historiques sur Jacqueline Robins, page 116 et suivantes.*

\*
\* \*

« Déclaration des débours que Robert
« Robins at fait ainsy que les batteliers
« dans le voyage de Calais pour y aller
« chercher des tourbes pour cette garni-
« son comme s'ensuit :

« Primes, payé à Franchois de la Cou-
« pelle quattre florins pour avoir livré
« aux dits bateliers seize lots de bierre.
« Jcy . . . . . . . . . . IIII L.

« Payé aux dits batteliers pour faire
« charger les dites tourbes dans les ma-
« rets . . . . . . . . XLVIII S.

« Payé à l'Ecluse de Calais trois sols de
« chacun batteau en nombre de vingt-huit
« argent de France porte argent d'Espa-
« gne . . . . . . . . III L. XVII S.

« Payé au dit Calais pour faire desvaler
« une escluse . . . . . . . XVIII S.

« Payé à l'escluse de Gravelines deux
« sols de chacun batteau . . . LVI S

« Payé au dit Gravelines trois sols de
« chacun batteau pour les vanières,
IIII L. II S.

« Payé à St-Omer pour avoir commis
« des personnes pour descharger les dites
« tourbes . . . . . . . . XX L.

« Payé une sentinelle pour avoir été de
« garde aux dites tourbes . . . XX S.

« Pour plusieurs mandés afin de livrer
« les dites tourbes . . . . . . V L.

« Payé aux dits vingt huit bateliers pour avoir allé chercher les dites tourbes au dit Calais et y employé six jours sept florins chacun qui font . . . II C. 1 L. XII S.

« Le dit Robins desclare d'avoir esté
« cinq jours en voyage la première fois
« audit Calais à raison de quatre florins
« par jour porte . . . . . . XX L.

« Sy desclare d'avoir encore esté en
« voyage huit jours avecq les dits batte-
« liers, y compris deux jours qn'il a vaqué
« en cette ville à descharger les dites tour-
« bes a raison que dessus. . . XXXII L.

« Somme porte ensemble II^c. IIII^{XX}
XVII L. XIII S.

« Reçeu la some cy-dessus. — Tesm. R. Robins. »

Que l'on change les personnes, que l'on suppose l'ennemi dans Aire et partant le voyage plus périlleux, et l'on ne verra plus dans la légende du ravitaillement de Saint-Omer en 1710 que la répétition par Jacqueline Robins d'un voyage accompli par son père trente trois ans auparavant.

———

# SEPTIÈME PARTIE

## Du 16 Janvier 1677 au 21 Décembre 1679

L'année 1677 avait été bien onéreuse pour la ville de Saint-Omer, comme nous l'apprend une lettre de M. Palisot d'Incourt, député des Etats, écrite de Paris au Magistrat de Saint-Omer « Le 9e de l'an 1678 ».

Elle n'avait pas coûté à cette ville moins d'un million de livres (1).

La remise cependant sur le don gratuit (ainsi s'appelait l'impôt levé sur la province d'Artois), qui avait été de la moitié pour l'année précédente, ne fut que d'un quart pour l'année 1678, c'est-à-dire de cent mille livres, malgré des démarches pressantes auprès des ministres Colbert et Lou-

---

(1) *Arch. mun. Lettre de M. Palisot d'Incourt.*

vois pour obtenir une modération plus considérable. Mais « on nous veut faire croire,
« dit M. le député des Etats, que le bruit
« de la paix, que l'on tient à la cour pour
« infaillible dans peu, a donné lieu à la mo-
« dicité de cette remise, et si cela es'oit,
« nous nous en consolerions fort » ; et Messieurs de la ville de St-Omer prirent gaîment leur parti de la modicité de la remise.

*<br>* *

Trois jours plus tard l'Intendant, M. le
Boistel de Chantignonville, vint renouveler le Magistrat, ou plutôt le continuer.

Il se fit faire une promesse qui dut paraître à plus d'un Audomarois une « nouvelleté » un peu étrange et que nous fait
connaître cette lettre conservée dans la
correspondance du Magistrat :

« A Dunkerque ce 20 janvier 1678.

« Messieurs,

« Ce n'est seulement que pour vous fai-
« re ressouvenir que lors du renouvelle-
« ment de vostre loy vous me promistes
« de faire donner un balteau aux comé-
« diens pour amener icy leurs hardes et
« que vous satisferez les batteliers. C'est
« ce que je vous prie de faire et de me
« croire toujours

« Messieurs,

« Votre très humble et très affectionné
« serviteur. »

Mais c'étaient là de petits débours, et Messieurs payèrent gaiment encore cette courtoisie aux « comédiens du roi de France. »

*<br>* *

Moins légère fut la somme à payer pour une réparation des deux batardeaux de la Haute-Meldicq.

L'ouvrage avait été confié aux maîtres Georges Capelle, maçon, Adrien du Buisson, charpentier, et Omer Mourier, serrurier.

M. Robelin, ingénieur ordinaire «¿ du « roi, chargé par Monsieur le Boistel, « écuyer, seigneur de Chantignonville, « conseiller du roi en ses conseils, inten- « dant des places en Flandres et Arthois « le long de la mer », de faire la toisée et l'estimation tant de la maçonnerie que de la charpente et de la serrurerie, évalua la dépense totale à la somme de « trois mille « six cent quatre-vingt-une livres treize « sols, neuf deniers. »

A qui incombait l'obligation de couvrir ces frais ?

— Au prélat de St-Bertin, disait le Magistrat.

— Au Magistrat, soutenait le prélat de St-Bertin.

L'intendant, à qui les deux parties s'en rapportèrent, décida qu'un tiers de la dé-

pense serait payé par le prélat et que les
deux autres tiers seraient laissés à la charge de la ville (1).

Au temps où Saint-Omer obéissait au roi
d'Espagne, le Magistrat n'eût pas manqué
d'appeler de telle sentence du lieutenant
du roi, au roi lui-même. Sous la domination du roi de France il se montra plus
accommodant ; il donna sans murmurer à
maître Jean Lamoury, son argentier, «l'or-
« dre de fournir à George Capelle la som-
« me de neuf cent soixante-trois florins
« deux sols dix deniers que Monsieur l'in-
« tendant at ordonné faire païer le 9 fé-
« vrier 1678 (2) ».

\*
\* \*

Si le Magistrat se « consolait fort »,
avec M. Palisot d'Incourt de ces charges
plus ou moins onéreuses par l'espoir d'une
paix prochaine, il s'en consolait aussi un
peu, j'imagine, en voyant ses « ci-devant
gouverneurs », naguère si arrogants, prendre devant lui dans la nouvelle « conjoncture de temps », une attitude « bien humble et bien suppliante », comme l'atteste
cette lettre du comte de Saint-Venant, mise en vertu d'une résolution échevinale

---

(1) *Arch. mun. — Comptes des fortifications.*
(2) *Ibidem.*

dans la liasse de la correspondance officielle de l'année 1678 (1).

« Messieurs,

« Le roy ayant eu la bonté de me donner
« la main levée de mes biens, en suitte
« donc de cet ordre, je vous supplie, Mes-
« sieurs, de me faire la grâce de desloger
« Monsieur de Wacca de la maison que j'ay
« tousjours occupé dans la ville de Saint-
« Omer, affin que je m'en puisse servir et
« m'y retirer quand j'en auray de besoing,
« puisque la dite maison m'est engagé par
« coutrat et bail du curateur des biens du
« feu Monsieur le Comte du Reux, dont
« vous en donneray, Messieurs, plus ample
« esclaircissement, si vous le souhaitez.
« J'espère que vous ne me denierez ceste
« justice et l'honneur d'estre persuadé que
« je suis,

---

(1) *Nous voyons en effet dans le Registre aux Délibérations du Magistrat
qu'une résolution spéciale était généralement prise, après déiibération, par le
Corps de Ville, pour la « mise à la liasse de la Correspondance de l'année » de
telle ou telle pièce (original ou copie),
et cela seul nous dit l'importance de
cette correspondance que je me félicite
d'avoir sauvée d'une destruction certaine.* 11

« Messieurs, votre très humble et obéis-
« sant serviteur.

« Le comte DE ST-VENANT. »

« De Lières le xiᵉ d'avril 1678 ».

« Je vous prie, Messieurs, de me rendre
« response par mon secrétaire quy vat ex-
« près pour ce sujet. »

\*
\* \*

Il faut dire aussi que le Marquis de St-
Geniès s'employait de tout son pouvoir à
gagner l'affection de ses administrés en ne
négligeant rien pour faire régner « l'union
et la concorde entre tous les habitants »
et pour effacer la distinction faite naturellement dans les villes conquises récem-
ment entre les vainqueurs et les vaincus.
Ainsi nous lisons dans le registre aux délibérations de la confrérie des Arbalétriers
de St-Georges de St-Omer (1) que, le 24
Avril 1678, le roi de l'Oiselet, fut le Sʳ Nicolas du Chastel, « domestique de M. le
Marquis de St-Geniès. »

Le Gouverneur envoyé à St-Omer par
le roi de France, n'avait pas encore jugé à
propos de s'enrôler lui-même dans cette
Société, comme le fit plus tard le comte de

---

(1) *Bibl. de St-Omer, msc 910, com-
mençant en 1603.*

Diéval (1) ; mais il y avait fait entrer un de ses gens, et c'était déjà faire de la fusion, les Chevaliers de St-George formant une petite compagnie très populaire, qui, en reconnaissance de cette marque de sympathie du gouverneur, pouvait contribuer à faire aimer la domination française dans la ville de St-Omer.

\*
\* \*

Le 13 octobre 1678, le Magistrat reçut de l'intendant, qui était alors M. de Breteuil, une triple leçon à laquelle sans doute il ne s'attendait pas. Il avait écrit à Bruxelles au sujet du remplacement dans l'office d'argentier de M. Jean Lamoury, et, pour assurer le succès de ses démarches, il avait eu recours aux bons offices de M. le baron de Berneville. Il avait dans le même temps, sur des instances que l'on ne dit pas, fait une « avance pour le corps de garde de la porte Saint-Michel ». Par une lettre dont l'original se trouve dans la correspondance du Magistrat, M. de Breteuil lui apprit que tout cela était contraire aux usages dans les villes soumises au roi de

---

(1) *Ibidem.* — *On lit dans le manuscrit 910, à la date 1716 : « Le comte de Diéval, maïeur, abat l'oiseau au 4ᵉ coup et ensuite au cri de tout le peuple il est « proclamé roy ».*

France. « Je vous prie, Messieurs, y lisons-
« nous, de m'expliquer par quelles raisons
« la cour de Bruxelles prenoit cognoissan-
« de la continuation » sollicitée par vostre
« argentier, « car, sur ce que vous m'en
« manderez, je vous renvoyerai peut-être
« à M. de Louvois, surtout si vous le sou-
« haitez, quoy que, dans toutes les autres
« villes d'Arthois, c'est moy seul qui rè-
« gle de pareilles affaires. »

Et plus loin : « Comme M. le baron de
« Berneville me paraît mériter de la con-
« sidération, je ne puis désaprouver les
« marques que vous lui en avez données,
« surtout parce que vous me mandez que
« c'est sur le penchant que vous en avez
« creu recognoistre en moy, sur quoy je
« dois vous dire que j'en auray toujours à
« obliger les personnes de mérite et de
« qualité, mais autant seulement que la
« justice me le peut permettre ». Et plus
loin encore : « Je vous avoue que je ne
« puis songer qu'avec déplaisir que vous
« fassiez des despenses pour le corps de
« garde de la porte St-Michel, dont vous
» pourriez vous dispenser dans le temps
« que peut estre de pauvres créanciers,
« que vous ne payez point, sont par là
« réduits à l'extrémité ». Mais les Mayeur
et Echevins de 1678 ne voulurent voir
avec M. de Breteuil dans cette semonce
que le langage d'un homme qui « leur par-

« loit avec la franchise et la tendresse d'un
« zèle très pur pour le bien public et le bien
« particulier de tous les habitants ». Ils
ne se montraient pas si dociles aux répri-
mandes des officiers du roi d'Espagne (1).

*
* *

Une mesure prise par le roi de France
et qui aurait pu faire regretter la « douce
« domination du roi d'Espagne » est celle
qni fut annoncée au Magistrat par cette
lettre de M. Taffin, écrite d'Arras le 14,
remise et ouverte en halle le 16 décembre
1679.

« Messieurs,

« Je viens par ceste vous adviser que
« M. de Breteuil at déclaré le jour d'hier
« à Messieurs les députés ordinaires que
« le roy a confisqué tous les arrérages des
« rentes deues par les Etâts de la provin-
« ce d'Artois à ceux de St-Omer et d'Aire,
« auquel sujet ils ont écrit à Messieurs les
« députés en cour affin qu'ils prient le roy
« de se contenter des cent vingt mille li-
« vres que la province luy at payé pour
« les quatre années de la guerre.

(1) *Arch. mun. — Corr. du Mag. —
Lettre de M. de Breteuil, écrite d'A-
miens le 13 octobre 1678.*

« Je vous prie de croire que personne
« n'est plus que moi dans la qualité,

  « Messieurs,

« De votre très humble et très obéissant
« serviteur.

                « J. Taffin. » (1)

Ce n'était pas ainsi en effet que la ville
pouvait être mise en état de « soulager les
pauvres créanciers réduits à l'extrémité »,
dont Monseigneur de Breteuil avait plaidé
si éloquemment la cause.

                ⁎⁎

Monsieur le baron de Berneville était
alors à Paris.

On lui écrivit aussitôt pour réclamer ses

---

(1) *Ach. mun. — Correspondance du
Magistrat, année 1679. — On lit dans
la même lettre : « M. de Breteuil part
« demain matin pour Anchin et de là
« il va à Aire et de suitte à St-Omer pour
« le rebail des cantines et les remue-
« ments de terres à faire l'année pro-
« chaine aux fortifications de St-Omer. »
Ces « remuements de terres », comme je
l'ai fait voir dans une de mes « Mono-
« graphies audomaroises », furent une
des causes d'une épidémie terrible qui
décima la population de St-Omer en
1680.*

bons offices. Voici quelle fut sa réponse :

« J'ay reçu, Messieurs, celle qu'avez
« pris la peine de m'écrire, par où j'a-
« prend la méchante nouvelle de la confis-
« cations (1) de tous nos arrérages à Ar-
« ras. Cela m'afflige extrêmement et nous
« serions en cela plus malheureux que les
« enemis auxquels on n'at confisqué que
« les ané de gueres. J'en ay parlé à Mes-
« sieurs les député lesquei m'ont promis
« d'en faire des vives remontrances à
» Monseigneur le marquis de Louvois. De
« mon costé vous pouvez croire que j'y
« apporteray tous les soins immagina-
« ble. »

Tout cela était en vérité peu divertis-
sant, mais la lettre de M. le Baron de Berneville se terminait par cette boutade em-
preinte de la bonne humeur d'un homme
qui prenait gaîment son parti de ces petites et grandes « extrémités » d'une misère irrémédiable.

« Cependant, Messieurs, je vous souhaite
« le commencement de l'ané (sic) prochene
« plus heureuse que la fin de celle-cy, vous
« consolant à boire les vins des Roy à ma

---

(1) *J'ai conservé les fautes d'orthographe pour édifier le lecteur sur les
connaissances grammaticales d'un
mayeur de St-Omer en 1679.*

« santé ; j'en feray de mesme par ici, beu-
« vant à la vostre, vous assurans que je
« seray toute ma vie.
   « Messieurs,
      « Vostre très-humble et très obéissant
         « serviteur,
      « Le baron DE BERNEVILLE. » (1)

Et Messieurs de la ville de St-Omer bu-
rent gaîment les vins des rois à la santé de
leur « très humble et obéissant serviteur »,
se consolant ainsi à son exemple de la con-
fiscation de leurs créances sur les Etats
d'Artois.

*<br>* *

Les députés en cour, MM. Palisot et l'é-
vêque de la Baune virent en effet Monseigneur le marquis de Louvois.

Ils avaient à l'entretenir de l'affaire des
arrérages en même temps que d'autres.
Leurs remontrances furent très mal ac-
cueillies par ce ministre « avec quelque espèce d'indignation contre les Etats » sur l'une ;
avec déclaration « qu'il ne fallait pas attendre de changement ni de révocation »
sur une autre ; en faisant « passer pour des
importunités, toutes ces insistances » sur
une troisième », si bien, disent nos députés
dans leur lettre écrite de Paris le 21 dé-

---

(1) *Arch. mun. Corr. du Mag.* année *1679.*

cembre, qu'il « nous ferma la bouche en
« nous disant que sa Majesté l'avait ainsi
« voulu », et il ne put-être dit un mot sur
les arrérages de rentes (1).

*<br>* *

Mais le jour même où ils virent M. de
Louvois, nos députés, après des sollicitations réitérées, obtinrent une audience du
roi et l'accueil que Sa Majesté leur fit, fut
très différent. Je laisse la parole à l'un
d'eux.

« A Paris le 21ᵉ de décembre 1679.

« Messieurs.

« L'audience du roi nous fut enfin ac-
« cordée lundy dernier, à l'issue de son
« conseil, après beaucoup de sollicitations.
« Nous y fûmes présentés par M. le duc
« d'Elbœuf et M. l'évêque de Saint-Omer
« porta la parole et harangua Sa Majesté
« d'une manière tout à fait charmante. Il
« sceut concilier les louanges du Roy avec
« les représentations uécessaires de l'estat
« pitoyable de la province par un discours
« autant éloquent que judicieux, ce qui fut
« admiré par tout ce qu'il y avait d'hon-
« nestes gens et de grands seigneurs de la
« cour qui estoient venus exprès à cette

_____

(1) *Arch. Mun. Corr. du Mag. année
1679.*

« audience pour l'entendre. Sa Majesté en
« parut aussi très satisfaite et, après l'avoir
« écousté avec autant de plaisir que d'at-
« tention, elle nous fit l'honneur de pren-
« dre nostre cahier et de nous dire qu'elle
« le verroit fort exactement et qu'elle nous
« accorderoit tout ce qu'elle pourroit pour
« nostre soulagement. Ensuite de quoy,
« s'adressant à M. l'évêque de Saint-Omer
« en particulier, elle luy dit obligcamment
« qu'il connaissoit mieux qu'aucun autre
« l'estime et l'affection qu'elle avoit tou-
« jours eue pour la province d'Artois, et
« qu'il luy feroit plaisir de le témoigner
« aux Etats, en les assurant qu'elle sera
« toujours ravie de leur en marquer la
« continuation dans toutes les occasions
« qui s'en présenteront.

   « Je suis avec attachement,

     « Messieurs,

  « Vostre très humble et très obéissant
« serviteur

   « PALISOT d'INCOURT. » (1)

 M l'évêque de St-Omer ne manqua pas
de donner cette assurance aux Etats, et
aussi, comme on vient de le voir, au Ma-

---

(1) *Arch. mun. — Corresp. du Mag.
Année 1679.*

gistrat de St-Omer, à qui fut adressée la
lettre qu'on vient de lire, et, ici comme là,
on prit assez gaîment son parti de la con-
fiscation des arrérages de rentes, confiant
dans « ces premières marques d'estime et
d'affection de Sa Majesté pour la province
d'Artois ».

# HUITIÈME PARTIE

—

## Du 21 Décembre 1679 au 16 Juin 1681

—

Le roi de France ne tarda pas à donner à la ville de St-Omer une marque de son estime et de son affection plus sérieuse que des assurances verbales généralement aussi illusoires que faciles : vers le milieu du mois de mars 1680 il annonça une seconde visite à ses bonnes villes d'Artois et de Flandre.

Le Magistrat de St-Omer en reçut la nouvelle dans une lettre de M. de Breteuil qui fixait le voyage au mois de mai (1).

Il en témoigna une grande joie :

---

(1) *Arch. mun. — Corresp. du Magist. — Lettre du Magistrat à Monseigneur de Breteuil, en date du 31 mars 1680.*

— « Nous aurons donc le bonheur de voir le roi » écrivit-il à M. l'Intendant.

Et il se mit en mesure de ménager une magnifique réception au glorieux descendant des souverains naturels de la Province.

*
* *

Le 29 mars nouvelle différente :

Le voyage était contremandé.

Le roi y avait-il renoncé ?

Le Magistrat le crut sans doute, car, le 31 mars, il écrivit à M. de Breteuil une lettre ainsi conçue, où perce évidemment de la mauvaise humeur.

 « Monseigneur,

« Nous avions, en satisfaction de ce qu'il
« vous a pleu nous escrire le 25 de ce
« mois, fait advertir les cabarestiers de
« cette ville qu'ils auroient à redoubler
« leur provision de fourrages et avoisnes
« pour qu'il n'en manque pas pour toute
« la suite et les équipages de la cour, lors-
« que nous aurions le bonheur de voir le
« Roy en cette ville au mois de May pro-
« chain ; mais vous nous apprenez par let-
« tre que votre grandeur nous a bien vou-
« lu escrire le 29 que ceci est changé. —
« Nous révoquerons, Monseigneur, les
« ordres que nous avons donnés à ce su-
« jet et sur tout ce qui était nécessaire au

« séjour que sa Majesté vouloit faire en
« cette ville (1).

Mais le voyage n'était qu'ajourné et M.
de Breteuil rassura le Magistrat de St-
Omer en lui écrivant le 7 Avril : « Je vous
« ai mandé ces jours passés qu'il n'étoit
« pas besoing que les hosteliers de vostre
« ville fissent des amas de *fourrages*
« *pour le voyage du Roy qui est remis*
« *vers la fin de juillet ou au commence-*
« *ment d'Août* », mais je dois à présent
« vous expliquer que le retardement ne
« doit regarder que les foins seuls » (2).

Et le 16 mai : « Je vous fais ces li-
» gnes pour vous faire souvenir d'obliger
« les hosteliers de votre ville à avoir pour
« le passage du Roy environ le quinze de
« juillet bonne provision de foin, paille,
« avoine ». (3)

*
* *

Le Magistrat n'eut garde de ne pas se
souvenir de ces ordres réitérés, et, le 25
mai, il put écrire à M. de Breteuil.

« En satisfaction de ce qu'il vous at pleu

---

(1) *Arch. mun. Corrp. du Mag. Année 1680.*
(2) *Ibidem.*
(3) *Arch. mun. Corresp. du Mag.
Année 1680.*

« de nous écrire le 16 de ce mois, nous
« avons advertis les hostelliers et cabare-
« tiers de ceste ville qu'ils ayent à faire
« des provisions de foin, paille et avoisne
« pour le passage et séjour du Roy et de
« la Cour en ceste ville au temps que vo-
« tre grandeur marque par sa lettre, en
« sorte qu'il n'en manque (1). »

Mais il n'eut garde aussi de ne pas se
souvenir en même temps des dettes de la
ville dont le payement lui était réclamé
avec les plus vives instances et, dans la
même lettre du 25 mai adressée à l'intendant, nous lisons :

« Quand nous avons présenté un placet
« au Roy à effet d'obtenir une continua-
« tion de delay pour le payement des det-
« tes de cette ville, l'on nous a adressé le
« pacquet icy joint où l'on nous mande
« que le dit placet est inclus et renvoyé à
« l'advis de votre grandeur laquelle nous
« supplions d'y prendre favorable ré-
« flexion et de vouloir bien nous secourir
« provisionnellement de quelque remède,
« parce que nostre dernier delay va finir
« et que les créanciers, nous trouvant dé-
« pourveus de la grâce de Sa Majesté, pour-
« roient beaucoup nous inquiéter dans le
« temps que vostre Grandeur aura be-

---

(1) *Ibidem.*

« soin (1) pour cognoistre des choses et
« rescrire son dit advis ».

Le Magistrat de Saint-Omer savait bien
choisir son temps, comme on le voit, pour
solliciter avec chance de succès la « grâce
de sa Majesté. »

＊
＊ ＊

Le roi se mit en route, nous dit Charles
de Whitte (2), le 13 juillet 1680 et arriva
à Calais le 15.

L'itinéraire que devait suivre la cour,
fut sans doute notifié aux villes qui devaient être visitées, car nous voyons que
le Magistrat de la ville d'Ypres adressa à
celui de St-Omer cette lettre (3).

« Messieurs,

« Comme les Maréchaux des logis de la
« Cour prétendent de profitter les arches
« triomphales et autres décorations qui se
« font en cette ville pour l'entrée du Roy,
« ou la rédemption d'icelles en argen, di-
« sants que cela leur touche en toutes les
« villes où le roy loge la première fois, et
« comme sans doute on a fait les mêmes

---

(1) *C'est-à-dire ici* besogne.
(2) *Bibl. de la ville. Tome X du grand
cartulaire de St-Bertin.*
(3) *Arch. mun. Corr. du Magistrat.
Année 1680.*

« propositions à vos seigneuries, nous les
« prions de nous faire savoir comment-elles
« en sont sorties, et feront plaisir à ceux
« qui sont et demeureront

      « Messieurs,

    « Vos très humbles et très obéissants
« serviteurs.

« *Advoué et eschevins de la ville d'Ypre,*

              « J. Devos (1).

  « De nostre assemblée 24 juillet 1680. »

Je crois que le lecteur ne me saura pas
mauvais gré d'avoir mis sous ses yeux tous
ces solécismes et barbarismes, en raison des
renseignements curieux et utiles, fournis
par ces sortes de citations, sur la langue
des Wallons ou des Yprois, sur certains
privilèges dont jouissaient, par exemple,
les maréchaux des logis du roi de France,
sur l'érudition grammaticale de certains
personnages qui y sont mentionnés, etc.,
etc.

*<br>* *

Si le Magistrat de Saint-Omer éleva des
arches triomphales pour la seconde entrée

---

(1) *N'oublions pas que les Yprois par-
laient le flamand. Ainsi s'expliquent
le mauvais français et les fautes d'orthographe de cette lettre.*

du roi de France dans notre ville, je n'en ai trouvé aucune mention dans les registres de l'argentier, qui, à défaut du Registre aux délibérations échevinales égaré ou détruit (1), aurait pu nous renseigner sur ce point ; mais la correspondance du Magistrat et les « muniments des comptes de la ville », sources précieuses d'informations trop longtemps dédaignées ou ignorées (2), nous font connaître maints préparatifs propres à nous donner à eux seuls une idée de l'éclat de la seconde « réception à seigneurie » de Louis XIV dans la ville de St-Omer le 24 juillet 1680.

*\* \**

D'abord nous voyons, par un mémoire d'André Beaussart, le concierge de la Halle,

---

(1) *J'ai déjà dit que le Registre aux délibérations du Magistrat pour 1680 a disparu.*

(2) *Tous ces « comptes » avaient été jetés, comme pièces inutiles, dans un coin de la salle des archives où ils pourrissaient, lorsque j'ai été nommé archiviste de la ville. Je les ai recueillis, classés et analysés, et ils sont aujourd'hui une des sources d'informations les plus précieuses des archives municipales de St-Omer.*

que les illuminations et feux de joie commencèrent le 23 au soir.

« Le 23e de juillet, y lisons-nous, pour l'arrivée du roy en cette cette ville il a été délivré par le dit Beaussart :

« En quatorze maisons que luy ont désignées Monsieur Hendricq et Monsieur Pascal, échevins commis aux ouvrages, pour servir de lumière pendant la nuit aux carrefours de la ville et en la rue des Bouchers, 42 cordages avec terque.

« En celle de M. Hendricq dans la même rue des Bouchers, pour l'arrivée des bagages de nuit, 4 cordages.

« Aux quatre falots de la chapelle, 8 cordages.

« Au valet de M. de Fiennes (1), 2 cordages.

« Au valet de M. D'Avault (2), 1 cordage.

*
* *

L'entrée de la Cour en ville est ainsi racontée par Charles de Whitte :

« Le 24 juillet, sur les cinq heures de l'après-midi, le roi et la reine avec toute leur cour entrèrent dans la ville de St-Omer au son de toutes les cloches et aux accla-

---

(1) *Arch. mun. corresp. du Mag. 1681.*

(2) *Le lieutenant de Mayeur.*

mations joyeuses de tous les habitants et
allèrent prendre leur logement au gouvernement (1).

« Au gouvernement » veut dire ici a
« l'Hôtel du prince de Robecq » où le marquis de Saint-Geniès était logé depuis environ un an et dont la ville négociait l'a-
chat sur le prix proposé par son propriétaire de 14500 florins. (2)

Dans le mémoire d'André Beaussart cité
ci-dessus il n'est encore question que de la
rue des bouchers et de celles par où le roi
devait passer pour se rendre à l'Hôtel du
gouvernement ; mais nous voyons par divers « muniments des comptes » que la
ville entière avait revêtu des habits de fête
pour « bienveigner » (3) convenablement
le roi de France.

\*
\* \*

Il n'est pas jusqu'à Mathurin, le vieux
Jacquemart de la porte du Haut-Pont, qui
n'eût été rhabillé tout de neuf pour la cir-
constance : « Il a été fourni, nous dit le

(1) *Bibliot. de la ville. Gᵈ Cart. de St-
Bertin, Tome X.*

(2) *Arch. mun, — Corresp. du Mag.
Juillet, Août, septembre et octobre
1680.*

(3) *Mot Wallon qui signifie :* « souhaiter la bienvenue ».

« registre de l'argentier de la ville, quatre
« écus et demi au Sʳ du Lude, capitaine
« des portes, pour les frais qu'il a exposés
« à la réparation et à la décoration de l'hor-
« loge de Mathurin. »

*
* *

« Le lendemain (c'est-à-dire le 25 juil-
« let), continue Charles de Whitte, la rei-
« ne entendit la messe à l'église parois-
« siale de Sainte-Aldegonde et y commu-
« nia à la table ordinaire de communion
« n'ayant pas voulu faire usage d'un car-
« reau magnifique qu'on lui avait prépa-
« ré. » (1)

Le roi, lui, visita les remparts et passa
la garnison en revue. Il donna ses ordres
« pour rendre les fortifications plus régu-
« lières ». (2)

C'est tout ce que nous disent les documents de nos archives sur l'emploi que le
roi fit de la seconde journée de son séjour
dans cette ville.

*
* *

La nuit du 24 au 25 juillet ne le céda en
rien à celle du 23 au 24 par l'éclat des illuminations et des feux de joie.

---

(1) *Bibl. de la ville. — Grand Cartu-*
*laire de Saint-Bertin, tome X.*
(2) *Ibidem.*

« Le 24 juillet, nous dit le mémoire
« d'André Beaussart, il a été livré pour la
« prochaine nuit aux mêmes quatorze
« maisons pour le même sujet et par le
« même ordre du sieur Hendricq, 14 cor-
« dages avec le terque.

« Au falot de la chapelle, 8 cordages.

« Etc., etc. »

On trouverait sans doute dans les volu-
mineuses collections des comptes de la ville, comptes de la garde, comptes du guet,
comptes des brays, etc., etc., bien d'autres dépenses encore faites dans la journée du 24 juillet pour honorer l'hôte auguste de la ville.

\*
\* \*

Le registre de l'Argentier pour l'année
1680 contient cette note :

« A Bon Beuge, maître vitrier, il a été
« payé 12 livres 10 sols pour avoir rac-
« commodé les vitres du bateau, lorsque
« le Roy, la Reine et M. le Dauphin sont
« allés promener par l'eau ».

Donc, parmi les courtoisies ménagées au
roi de France par le Magistrat à sa seconde arrivée à St-Omer, il faut compter une
promenade à Clairmarais, cette Venise audomaroise, qu'aucun étranger, visitant la
ville, n'omet d'aller voir et dont la moin-
dre merveille au XVIIᵉ siècle n'était pas
ses îles flottantes. On ne nous dit pas quel

jour cette promenade eut lieu, mais il est fort probable qu'elle se fit le 24.

*<br>* *

Si le 25 juillet la cour alla dîner à Aire, comme nous le dit l'auteur de l'histoire de Calais (1), il n'est fait aucune mention ici de cette visite de Louis XIV à la seconde ville de l'Artois réservé. Il est certain que le roi de France revint ce jour-là coucher à St-Omer, car la déclaration des débours d'André Beaussart porte :

« La nuit du 25, il a été délivré en sept « maisons chacune. . . 14 cordages. « Au falot de la chapelle . 8 cordages.

Et en tête :

« Livré par moy André Beaussart pour « le service cette ville de St-Omer et par « ordre de Monsieur Hendricq et de Mon- « sieur Pascal, échevins commis aux ou- « vrages, le nombre de trois mille tour- « teaux qui ont été consommés les 23, 24, « et 25 juillet, à raison du séjour du Roy « en ceste ville, le tout pour servir de lu- « mière aux carrefours de icelle ville et « maisons de la rue des Bouchers (2). »

---

(1) *Histoire de la ville de Calais par Lefebvre.*
(2) *Mémoire cité déjà.*

Et le registre de l'argentier confirme
ces renseignements du concierge de la halle
par cette note :

« Il a été payé la somme de 15 livres à
« Jean Brutessec. Philippe le Lelon et
« Guillaume Veron pour les quatre jour-
« nées où il leur a été commandé de se te-
« nir prêts au lieu nommé la scelle pendant
« que le roy estoit en cette ville :

*\*\*

Pas plus à cette fois qu'aux précédentes
les présents ne furent oubliés ?

Il en fut fait au roi, à la reine et aux
personnes de leur suite.

« A Monsieur Poupelle dit la Montagne,
« il a été payé la somme de quatre cent
« vingt-neuf livres pour plusieurs pré-
« sents qu'il a faits tant au roi pendant
« qu'il était en ceste ville qu'à plusieurs
« autres personnes.

« Aux huissiers de la chambre de la
« Reine, il a été fourni la somme de soi-
« xante douze florins en considération de
« sa première entrée en ceste ville. »

Et bien d'autres courtoisies encore.

Pour une des deux dépenses ci-dessus
le registre de l'argentier porte cette note
curieuse :

« Après en avoir communiqué à Mon-
« sieur l'Intendant ».

Toujours même parcimonie, comme on

le voit, recommandée par le « Roy de France » à ses bonnes villes, dans l'emploi de leurs deniers, comme si leurs deniers étaient ceux du roi, et qu'elles n'en eussent que l'administration.

\*\*\*

Mais ne peut-on voir aussi dans ces admonestations un avis justifié par des largesses excessives de villes très joyeuses d'être retournées sous la domination de leurs anciens seigneurs ?

J'aime mieux, je l'avoue, expliquer par cette hypothèse, non moins naturelle à mes yeux que l'autre, cette lettre de M. de Louvois communiquée par M. de Breteuil, à qui elle avait été écrite, au Magistrat de St-Omer peu de jours après le séjour du roi en cette ville :

« Je suis obligé de vous renouveler ce « que je vous ai déjà expliqué de la part « de sa Majesté, qui est que vous devez te- « nir la main à ce que les villes d'Artois ne « fassent aucune dépense extraordinaire « qu'après que Sa Majesté en aura été in- « formée et qu'elle en aura accordé la per- « mission (1). »

\*\*\*

(1) *Arch. mun. — Corresp. du Magistrat.*

Le roi partit de St-Omer le 26 juillet
ponr se rendre à Gravelines, fort content
des Audomarois, tant du peuple que du
Magistrat. Aussi, à la veille du prochain
renouvellement de la « Loy », M. de Louvois écrivit à M. de Breteuil :

« J'ai reçu la lettre que vous avez pris
« la peine de m'écrire hier, Le Roy veut
« bien que ceux du Magistrat soient conti-
« nués dans les mêmes charges, quoiqu'ils
« ne le demandent pas, et Sa Majesté vous
« en donne le pouvoir.

« Votre très affectueux serviteur,

« Louvois ». (1)

Et lorsque M. de Breteuil fit part au Magistrat de Saint-Omer de cette « agréable
nouvelle », il spécifia bien que « cette mar-
« que toute particulière de l'affection de Sa
« Majesté vers Messieurs tant du présent
« banc que du vieux » était due « au zèle
« qu'ils avaient toujours témoigné pour
« son service et nommément au temps de
« son séjour en leur ville » (2).

---

(1) *Arch. municipales. — Corr. du
Magistrat.*
(2) *Ibid· — Renouvellement de la loy
1681, liasse de pièces déposées dans la
correspondance du Mag.*

# ÉPILOGUE

---

## Quelques critiques prévues

---

Je pourrais clore ici mon petit livre ;
mais je prévois certaines critiques qu'il va
soulever et je demande au lecteur la permission d'y répondre d'avance pour n'a-
voir pas à appeler deux fois son attention
sur un même sujet, ni à ajourner plus
longtemps la « publication d'une histoire
« de la Révolution de 1789 à St-Omer »
que je me suis engagé à lui présenter, il y
a plusieurs années déjà (1).

\*
\* \*

On traitera d'abord ma thèse de para-
doxe.

---

(1) *Voir à la page 39, note I, de mon
opuscule intitulé : « Les Carnot et St-
Omer (1789-1889) ».*

Elle en est un, j'en conviens; mais je n'y ai rien dit qui ne soit confirmé par des témoignages puisés aux sources mêmes de toute bonne information historique, c'est-à-dire dans les documents officiels de la ville de Saint-Omer : dans les registres de son argentier ; dans les registres aux délibérations de son Echevinage ; dans les registres aux renouvellements de sa loy ; dans les « registres capitulaires » de sa cathédrale ; dans les « registres aux délibé- « rations » des Synodes de ses curés ; dans la correspondance de son Magistrat ; dans le grand cartulaire de son abbaye de Saint-Bertin ; dans le « registre aux délibéra- « tions » de sa confrérie des arbalétriers de St-Georges, ainsi que dans ses comptes des casernes, des fortifications, des ouvrages, de la cave, des brays, de l'issue, du guet, de la garde, etc., et dans les mémoires manuscrits de ses historiens Jean Hendricq, Charles de Whitte ; Charles de Neufville ; J.-C. Visconti ; le P. Carme Ange de Jésus ; Antoine d'Affringues, etc., etc. : plus de trois cents documents tous authentiques, presque tous inédits et contemporains des faits rapportés ; et si de l'examen de toutes ces pièces il s'est dégagé cette vérité que le « peuple » de Saint-Omer n'a cessé, à toutes les époques de son histoire, d'avoir le « cœur Français », selon la belle expression de J.-C. Viscon-

ti (1), j'en suis bien fâché pour les historiens qui ont dit le contraire (3), je m'en
réjouis pour la ville de Saint-Omer et pour
la France (2).

*<br>* *

On dira ensuite que mon histoire a été
faite dans un esprit de tendance.

---

1. *Bib. de Saint-Omer, msc n° 907,
portant pour titre :* « *Mémoire pour
« servir à l'histoire des Morins, conte-
« nant principalement ce qui a rap-
« port à former les Annales de la ville
« de Saint-Omer* ». — *On y lit que Louis
XIV était né avec toutes ses dents et que
cela signifiait qu'un jour, s'il parve-
nait à dompter la Rebellion et l'Hérésie
en France,* « *le cœur français renaî-
« trait aux Artésiens et au peuple de
« Saint-Omer qui n'était aliéné des
« Français que par rapport à la re-
« ligion.* » *Le roi d'Espagne et ses partisans avaient réussi en effet à faire
croire aux Artésiens que les Français
étaient tous des* « *chiens d'hérétiques* ».
2. *On ne saurait trop rappeler à nos
historiens ces vers de Béranger :*

> *J'aime qu'un Russe soit Russe
> Et qu'un Anglais soit Anglais,
> Si l'on est Prussien en Prusse
> En France soyons Français.*

Mais quel autre esprit a donc dicté ces histoires qui viennent nous dire que les Artésiens n'ont jamais eu de souverains plus aimés de leurs peuples que les princes de la maison d'Autriche ? Dans les unes, pour se donner le change à soi-même ou pour le donner à ses lecteurs, on veut, avec certains écrivains sérieux dont on se garde de partager les opinions sur tout le reste, que le patriotisme national se soit formé peu à peu en France comme la nation elle-même, et l'on induit de là qu'en Artois, ainsi que dans nos autres provinces, le patriotisme, au moyen âge et jusque bien avant dans les temps modernes. n'a pas été autre chose qu'un attachement fidèle au souverain « reçu à Seigneurie » (1). C'est là, mon Dieu ! une prétention qui n'a rien d'injurieux pour les Artésiens : seulement les faits établissent le contraire, du moins pour les Audomarois (2). Mais dans la plupart de ces histoires que je qualifierai d'espagnoles, on n'a eu à cœur, ce semble, que de faire, par un choix et un exposé systé-

---

(1) *Voir dans mon opuscule intitulé « Curiosités historiques des archives de St-Omer » le chapitre IX, page 71.*

(2) *Je ferai ressortir davantage cette vérité dans une étude qui suivra celle-ci et qui portera pour titre « Le parti Français à St-Omer de 1493 à 1677 ».*

matiques des faits, le panégyrique des
princes de la maison d'Autriche, ce « bras
droit de l'Eglise, » ce « modèle des maisons princières. » Or dans cette autre prétention il y a un esprit de tendance que la
vérité réprouve ; et réagir contre un tel
esprit par une tendance contraire, loin
d'être de la partialité dans le sens qu'on
prête généralement à ce mot, est de l'im-
partialité au suprême degré, et, ce qui ne
gâte jamais rien, du patriotisme.

*<br>* *

On me reprochera, après cela, d'avoir
mêlé à mes récits des citations où la phrase est wallonne et l'orthographe pas toujours observée.

J'aurais pu en effet pour bon nombre de
mes lecteurs corriger dans les divers tex-
tes les fautes contre notre langue et sa
grammaire. Mais l'historien a plus d'une
curiosité à satisfaire, et ce n'est pas une
des moins vives et des moins légitimes que
celle qui s'attache à l'étude des langues
parlées et écrites par les personnages mar-
quants d'une époque, par les principaux
acteurs d'un drame intéressant de notre
histoire nationale. Je pense d'ailleurs avec
beaucoup de bons critiques, que la langue
la plus propre à nous donner une idée
vraie d'une époque et d'un peuple, est celle même de ce peuple et de cette époque,

et je crois que pas plus ici qu'ailleurs, je n'ai dépassé la juste limite qui sépare l'archaïsme de bon goût de la vieillerie surannée (1).

* * *

Prenez garde, m'a-t on dit déjà ; du patriotisme il en faut ; mais.... on dirait : pas trop, si l'on osait... mais le sage doit savoir s'élever au-dessus des préjugés, si chers qu'ils lui puissent être.

Le patriotisme un préjugé ! une superstition ! Je connais cette morale.

C'est celle des Anacharsis Clootz ou des Ravachol. Le malheur, c'est qu'elle a fait des prosélytes jusque chez les honnêtes gens. N'a-t-on pas entendu en effet de très honorables critiques français dire que l'historien ne doit être d'aucune nation ?

Cette théorie met à l'aise, je le sais, ceux qui n'ont qu'un souci en écrivant l'histoi-

---

(1) *Voici ce que M. Giry a dit de ces emprunts faits par moi à l'idiôme contemporain des faits racontés dans mon histoire d'une guerre Echevinale de 177 ans, parue en 1867 : « Ce tour archaï-« que plaît parce qu'il n'est pas factice, « qu'il est dans le sentiment de l'époque « et que l'auteur sait l'abandonner à « propos. » (Mémoires des Antiquaires de la Morinie, tome XII.*

re : celui de faire la figue, comme eût dit le fabuliste, au préjugé vulgaire, banal. prudhommesque et qui pour éviter l'écueil abhorré (1) ont plus tôt fait de considérer comme tels tous les préjugés que de faire une distinction parmi ceux-ci entre les faux et les vrais. Mais fi d'une telle sagesse ! Elle n'est pas en or, c'est du faux : du clinquant pour les yeux malades, un vil plomb pour les bons français.

Allez donc dire à nos malheureux frères d'Alsace et de Lorraine, que l'on a su devenir Espagnol en Artois et que l'on saura devenir Prussien en Lorraine et en Alsace. Ils vous répondront :

Que leur sujétion à la tyrannie des Hohenzollern fût-elle plusieurs fois séculaire, jamais l'amour de la France, leur mère, ne s'éteindra dans leurs cœurs, en dépit de toutes les menaces, de toutes les vexations, de toutes les caresses du vainqueur.

Que l'ambition ou l'intérêt eussent-ils fait des vides dans leurs rangs par des défections multiples, le « noble arbuste » du patriotisme, selon la belle expression de Béranger, conservera pure, vigoureuse, ardente, dans ses racines, c'est-à-dire, dans

---

(1) *Odi profanum vulgus, a dit Horace avec plus de raison que ces patriotes d'un nouveau genre.*

13

le peuple, sa sève tarie dans les branches sublimes, c'est-à-dire dans les classes aristocratiques et officielles.

Qu'enfin eût-on perdu un instant dans une ville de l'Artois, de la Franche-Comté ou de quelque autre province arrachée pour un temps de la grande famille (ce qui ne s'est certainement point passé à St-Omer) (1), le souvenir des « premiers parents », il y aurait plus qu'une légitime fierté devant ses ennemis à le taire, il y aurait un beau respect de soi-même et une juste sollicitude pour la jeune génération à ne pas se complaire au récit de ses propres défaillances.

C'est la réponse que je ferai aux patriotes cosmopolites qui ne rougiraient pas de qualifier de chauvinisme, l'ardeur que j'ai apportée à la juste revendication pour Saint-Omer d'une fidélité constante de son peuple à la patrie française.

FIN

---

(1) *Je le prouverai dans une autre étude qui ne suivra pas celle-ci de loin.*

# ERRATA

---

# TABLE DES MATIÈRES

# AUTRES OUVRAGES DU MÊME AUTEUR

## En vente chez le même libraire

———◦◦◦◦◦———

www.ingramcontent.com/pod-product-compliance
Lightning Source LLC
Chambersburg PA
CBHW071945090426
42740CB00011B/1823